CB134892

A PRÁTICA DA MEDITAÇÃO HOJE

Com mais de 100 modelos de meditações
para pessoas muito ocupadas

Bill Anderton

A PRÁTICA DA MEDITAÇÃO HOJE

Com mais de 100 modelos de meditações
para pessoas muito ocupadas

Tradução
ANITA MORAES
DENISE DE CARVALHO ROCHA DELELA

EDITORA PENSAMENTO
São Paulo

Título do original:
Meditation for Every Day

Copyright © 1995 by Bill Anderton.

Edição	Ano
1-2-3-4-5-6-7-8-9	97-98-99-00

Direitos de tradução para o Brasil
adquiridos com exclusividade pela
EDITORA PENSAMENTO LTDA.
Rua Dr. Mário Vicente, 374 – 04270-000 – São Paulo, SP – Fone: 272-1399
E-MAIL: pensamento@snet.com.br
http://www.pensamento-cultrix.com.br
que se reserva a propriedade literária desta tradução.

Impresso em nossas oficinas gráficas.

Sumário

A experiência da meditação é um mundo de relaxamento, contentamento e até mesmo, por acréscimo, de uma certa iluminação.

Introdução

O objetivo deste livro é dar informação, inspiração e apoio suficientes para que você possa meditar com êxito. Muitas pessoas que querem meditar precisam se sentir confiantes de que estão meditando da forma correta; portanto, aqui são apresentadas as respostas a todas as perguntas mais comuns. Mais que isso, você vai precisar de muitas idéias diferentes para estimular e manter seu interesse, por isso não incluímos apenas a informação básica, mas também muitas meditações para você praticar.

O principal objetivo deste livro é servir como um professor — exatamente da mesma maneira que o líder de um grupo de meditação pode fazer, oferecendo-lhe instrução e *feedback*. Embora ele ofereça um curso completo em meditação que você pode seguir do começo ao fim, você também pode usar o material aqui apresentado para elaborar um programa de meditação que se adapte às suas necessidades particulares.

É importante mencionar três outros pontos sobre o conteúdo desta obra. Primeiro, ela usa uma técnica indicada para as pessoas ocupadas e mentalmente ativas do mundo ocidental. A meta é tornar-se um observador de tudo o que pode ser captado pela sua percepção consciente — pensamentos, sentimentos, sensações e imagens — e através disso, aprender mais sobre a própria experiência interior.

Segundo, as meditações o conduzirão por dois níveis de experiência. O primeiro nível é relaxar e aliviar as tensões — os benefícios mais imediatos da meditação. Isso proporciona uma salutar e tranqüilizadora sensação de bem-estar com relação à vida e a si mesmo. O segundo nível oferece-lhe a oportunidade de descobrir mais sobre si próprio através da meditação. Isso é obtido por meio de uma série de suaves jornadas interiores orientadas.

Terceiro, a maioria dos livros de meditação começa com a teoria e só então parte para a prática, mas eu quero fazer o inverso e lançar você de imediato na experiência do relaxamento, e depois, da meditação. O processo que você irá percorrer ao longo do livro vai levá-lo mais e mais profundamente na experiência da meditação. Muito do que vou dizer e das idéias novas que vou apresentar só farão sentido para você se já estiver praticando os exercícios. Não é uma compreensão intelectual o que estou pretendendo, porém a maravilhosa experiência que a meditação pode proporcionar.

O Capítulo 10 é uma seção de perguntas e respostas, abrangendo todas as situações e dúvidas comuns que lhe possam ocorrer. Alguns dos tópicos são também tratados ao longo do texto; mas esse capítulo servirá como uma rápida fonte de referências. Sinta-se à vontade para consultá-lo a qualquer momento.

O livro contém muitos exercícios de meditação, sendo alguns deles bastante longos. Quanto aos mais curtos, você não terá problemas para se lembrar de como fazê-los, mas os mais longos poderão ser mais difíceis de decorar. Esses, portanto, são apresentados na íntegra, com a indicação das pausas apropriadas e a sugestão do período de tempo que deve ser dedicado a cada um deles. Quero reforçar a palavra "sugestão", já que é mais importante que você desenvolva uma seqüência com a qual se sinta bem. Como os textos de meditação são apresentados na íntegra, será fácil gravá-los em uma fita cassete para criar suas próprias meditações orientadas. Algumas pessoas, contudo, não apreciam o som da própria voz. Nesse caso, você pode pedir a alguém que faça as gravações para você.

Você pode selecionar as meditações que mais agradem e desenvolver o seu próprio programa. Também incluí no Capítulo 11 um programa que lhe permite combinar as meditações ou empreender uma seqüência escalonada mais disciplinada. Esse programa segue simplesmente a seqüência de meditações à medida que elas aparecem ao longo do livro; dessa forma, você também pode usá-lo como uma lista detalhada de assuntos para encontrar meditações especiais que lhe interessem.

Este livro pode servir, antes de mais nada, para iniciar você no caminho certo, descrevendo as técnicas de meditação e respondendo às perguntas que lhe ocorrerem. Assim, você pode usá-lo como uma fonte de inspiração, ou para praticar as meditações que interessem, ou como base para elaborar uma seqüência de meditações por um período de tempo. O intuito, portanto, é combinar um manual de meditação, uma fonte de inspiração e um livro de exercícios.

BILL ANDERTON

1

Saiba o que é meditação e comece já

Dentre os muitos benefícios da meditação estão a autodescoberta, a renovação espiritual, a paz interior, a cura, tanto para si como para os outros, o aprimoramento do relacionamento com as outras pessoas e consigo mesmo, o controle e o alívio das tensões, a libertação do medo da morte e a aceitação da vida. Porém, o mais importante de tudo é uma sensação de bem-estar e de integração, um sentimento de estar à vontade consigo mesmo e com a vida.

Uma instrução comum dada por professores de meditação em grupo é: "Agora, limpe sua mente de todos os pensamentos e conflitos." Mas não é fácil limpar a mente dessa maneira. Assim que você tenta fazer isso, podem eclodir pensamentos: "Será que eu deixei as luzes do carro acesas?"... "Em que é que eu devo pensar?"... "Isto não pode estar certo — estou pensando em pensar sobre nada!" Se isso costuma acontecer com você, leia o que segue.

Algumas técnicas de meditação estão associadas a culturas orientais e nem sempre condizem com a visão de mundo ocidental, nem com o nosso estilo de vida. Não se trata apenas de uma questão de filosofia ou de religião, mas de tradição — aquilo com o que estamos habituados. Você verá que a técnica usada neste livro estimula a sua mente a ser criativa, em vez de tentar esvaziá-la. O sossego, a quietude e a calma podem ser alcançados com a criatividade. Para conseguir isso você deve se tornar um observador imparcial de si próprio, de seus pensamentos, sentimentos e fantasias, em vez de ficar preso a eles como fazemos quando mantemos nossa consciência normal diária. Este é um processo de expansão da consciência, e é o que entendo por experiência de meditação.

Algumas pessoas podem meditar de maneira natural ou intuitiva. Outras precisam aprender a fazer isso. Depois que tiver usado este livro por um tempo, você deverá ser capaz de meditar naturalmente e sem esforço. Poderá também se beneficiar se participar de um grupo e seguir a orientação do líder. No Capítulo 11, irá encontrar instruções de como montar e conduzir seu próprio grupo de meditação, pois a meditação tanto pode ser uma atividade isolada quanto social. Este livro foi elaborado de forma que você possa meditar sozinho ou em grupo, ou mesmo numa reunião familiar. Quando praticar a seqüência de meditações e de exercícios aqui apresentados, procure avançar suavemente ao longo do curso. As meditações foram cuidadosamente agrupadas para possibilitar-lhe um progresso seguro. Ocorrerá então um desdobramento, assim como uma flor desabrocha na época certa depois de receber os nutrientes de que precisa.

Antes de iniciar os exercícios de meditação, convém seguir um programa de relaxamento, que irá beneficiá-lo enormemente. Não importa se você pretende meditar sozinho ou em grupo. O que *é* essencial é que você seja capaz de relaxar completamente antes de meditar, embora a meditação por si própria seja uma atividade relaxante.

Antes de mais nada, você terá de liberar as tensões, tanto do corpo como da mente. Experimente a técnica prática a seguir, que é eficaz para a maioria das pessoas.

Relaxamento

SEQÜÊNCIA DE RELAXAMENTO

— Coloque-se numa posição confortável, que você possa manter durante toda a meditação. (Mais tarde falaremos mais sobre os efeitos da boa postura.) Use roupas folgadas e evite jóias ou outros acessórios que possam restringir a circulação sangüínea ou distrair-lhe a atenção. É bom manter certa regularidade ou seguir um ritual em seus exercícios de meditação. Para acentuar o clima ritualístico, você deve sempre usar as mesmas roupas, se colocar na mesma posição e se sentar ou se deitar no mesmo lugar. Você pode se sentar ereto, ou se deitar e adotar uma confortável postura de ioga, todas essas posições são adequadas.

— Certifique-se de que sua coluna esteja reta, livre de pressões. Se tiver algum problema nas costas, procure apoiá-las, por exemplo, no encosto de uma cadeira. A posição deitada oferece apoio a todas as partes do corpo.

— Relaxe! Isso é mais fácil de dizer do que de fazer; portanto, procure obedecer os passos seguintes.

— Deixe suas mãos repousarem abertas; suas pernas podem ficar afastadas ou cruzadas abaixo dos joelhos. Mantenha a respiração estável e levemente mais profunda que o normal, porém não muito. O essencial é que cada inspiração dure o mesmo período de tempo que a expiração. Vamos supor que, enquanto inspira, você conta de um a cinco. Quando expira, deve também contar até cinco. Não importa qual seja a contagem, contanto que o tempo para inspirar e para expirar seja o mesmo. O que você tem de conseguir é um *ritmo* regular com o qual se sinta bem. Nada no relaxamento deve ser cansativo. Você verá que o simples ato de respirar um pouco mais profundamente que o normal é o bastante para relaxá-lo até certo ponto. Procure relaxar, imaginando as pressões e a tensão deslizando para fora de você à medida que expira.

— Livre seu corpo de toda tensão. Faça isso concentrando-se e *contraindo* cada parte do corpo, uma de cada vez, e então deixando que ela relaxe. Comece com a cabeça e o pescoço. Concentre-se na tensão, deixando-a então fluir da cabeça para o pescoço, descendo ao longo dos ombros e pelos braços. Você sentirá as impurezas percorrendo seus braços em direção às mãos. Não interrompa o fluxo; deixe que a tensão escorra pelos dedos. Ou imagine que a expiração está levando a tensão embora, como sugerimos acima.

Sim, isso funciona! Seqüências mais completas e que proporcionam um relaxamento mais profundo são apresentadas nas páginas 20 e 28.

Agora você deve estar se sentindo relaxado. No entanto, se achar que sua mente está superativa, o que não favorecerá a meditação, tente pensar em algo de que goste e que lhe traga um sentimento de paz e de relaxamento. A visão de uma bela margem de rio, de um jardim campestre, de uma árvore, de flores, ou talvez do mar — o que quer que lhe proporcione uma sensação de quietude e segurança serve de tema para esse tipo de reflexão. Uma música suave pode ajudá-lo, ou sons naturais como o do mar, da chuva caindo ou o do canto dos pássaros. Você também pode adquirir fitas-cassete com esses sons (ver o Capítulo 11 para obter informações sobre alguns recursos para relaxar).

Reflexão não é concentração. Os pensamentos devem ser leves, contemplativos e não muito profundos. Deixe o tema da sua reflexão vir de várias direções; novos aspectos podem se revelar quando seu ponto de vista ou sua perspectiva muda.

Não tente interromper os pensamentos; observe-os. Deixe que um pensamento lhe venha à mente. Contemple-o, tome consciência dele e observe-o, e então deixe que ele desapareça e espere surgir um outro. Dessa forma, você se distancia dos seus pensamentos, torna-se um observador, em vez de ser capturado por eles. Libertar-se dos processos de pensamento para se tornar um observador passivo é um exercício por si só relaxante e uma técnica eficaz para aliviar as tensões. O mesmo método pode ser aplicado aos seus sentimentos para que você possa se tornar um observador de todos os aspectos de si próprio.

Você pode afastar pensamentos e sentimentos de preocupação procurando não reprimi-los, mas observando-os e deixando que saiam de sua mente de um modo espontâneo. Esse é um processo de liberação. Pensamentos e sentimentos reprimidos, especialmente os ruins, como a raiva ou a frustração, não são benéficos e podem acabar afetando sua saúde e seu bem-estar.

Você pode expandir esse papel de observador tornando-se também consciente do seu corpo. Não ignore cãibras ou tensões, mas concentre-se nelas. Observe-as, sinta-as, fique consciente delas... deixe que deslizem para fora, e então concentre sua atenção em outra coisa. A meta deve ser encontrar finalmente um foco ou um centro de atenção sereno e imóvel. Isso ocorrerá quando você estiver completamente relaxado e quando sua mente estiver tranqüila. Como um lago de águas turbulentas que aos poucos se acalma, você estará pronto, então, para ver abaixo da superfície.

Comece a meditar

A meta da meditação é criar a *consciência relaxada*. Geralmente, só estamos completamente relaxados quando dormimos — e só estamos completamente despertos quando em estado de tensão pela descarga de adrenalina. O relaxamento e a consciência aguçada geralmente não são estados que se experimenta simultaneamente. A meditação, porém, os une e a experiência é muito diferente da consciência normal ou do sono. Para alcançar esse estado, dirija sua atenção para o seu interior, assumindo o papel de observador dos seus pensamentos, sentimentos e sensações. Tente fazer o seguinte:

OBSERVE A SI MESMO

— Relaxe, como descrevemos na seqüência de relaxamento da página 10.

— Conscientize-se dos seus pensamentos.

— Pausa (*20 segundos*).

— Simplesmente deixe que os pensamentos aflorem à sua mente. Observe-os e deixe que desapareçam.

— Pausa (*20 segundos*).

— Deixe que outro pensamento aflore e, depois, desapareça. Observe seus pensamentos com atenção. O que é isto na sua mente?

— Pausa (*20 segundos*).

— Conscientize-se dos seus sentimentos.

— Pausa (*20 segundos*).

— Como está se sentindo hoje? Feliz? Triste? Entediado? Irritado? Inspirado?

— Pausa (*20 segundos*).

— Simplesmente observe como está se sentindo e deixe que esse sentimento tome conta de você. Torne-se um observador dos seus sentimentos e então deixe que desapareçam. Analise cuidadosamente como está se sentindo hoje.

— Pausa (*20 segundos*).

— Conscientize-se das suas sensações. Há alguma parte do seu corpo que está chamando a sua atenção? Torne-se consciente dela e simplesmente observe o que sentir.

— Pausa (*20 segundos*).

— Há alguma outra sensação que chame a sua atenção? Deixe que ela venha à consciência e observe-a cuidadosamente. Então, deixe que se vá.

— Pausa (*20 segundos*).

— Respire um pouco mais profundamente que o normal, e então abra os olhos.

Você perceberá que o objetivo dessa meditação não é livrar-se de pensamentos, sentimentos e sensações para ficar vazio. É, ao contrário, deixar que eles *fluam* nesse instante, sem impedimentos, e então observá-los sem julgamentos ou críticas. Você pode então começar a investigar a natureza dessas experiências interiores. Por que você tem esses pensamentos, sentimentos e sensações em particular? De onde eles vêm? O que estão tentando lhe dizer? De que você, sua mente e seu corpo necessitam? Você pode se surpreender. Não *tente* descobrir as respostas a essas perguntas, apenas observe a si próprio. Isso faz com que você relaxe. Aprecie o seu eu.

Respiração e Relaxamento

Há uma técnica simples de respiração que é uma chave para o relaxamento e que se revela na experiência da meditação. Ela é mencionada pela maioria dos mestres em técnicas orientais de meditação. O ato de respirar geralmente é um ato inconsciente; porém, se quisermos, podemos controlá-lo respirando de modo mais profundo, mais rápido, mais lento, ou mesmo parando de respirar por alguns segundos. Trata-se de um processo vital para a nossa vida e para a nossa saúde, que segue um ritmo natural e por meio do qual estamos constantemente em contato com a atmosfera circundante. Para se tornar consciente da experiência da sua respiração, faça o seguinte:

CONTAGEM DA RESPIRAÇÃO

— Relaxe, como descrevemos na seqüência de relaxamento da página 10.

— Concentre a atenção na sua respiração.

— Respire um pouco mais profundamente que o normal.

— À medida que inspira, conte para si mesmo de um a cinco. (O tempo de contagem de cada etapa é por sua conta — procure ajustá-la ao seu ritmo natural.)

— Retenha a respiração e conte até três.

— Repita desde o início, várias vezes.

— Continue; porém, à medida que expira, em vez de contar, diga a si mesmo: "Relaxe."

— Faça isso algumas vezes por mais um minuto ou dois.

— Quando estiver pronto, finalize a meditação observando-se tornando-se consciente de seu corpo outra vez e abrindo os olhos.

Essa meditação serve para fazê-lo se conscientizar dos seus processos internos, inconscientes, especialmente do processo da respiração. Do ponto de vista da expansão da consciência, ela o fará perceber a importância de respirar, pois trata-se de um ritmo que sustenta toda a força vital. Tornar-se consciente da própria respiração e controlá-la dessa forma é também uma forma de liberar as tensões, de relaxar e de entrar em sintonia com a energia vital que nos sustenta.

No exercício acima, incluí um mantra — uma palavra usada como objeto de meditação. Os mantras podem ser sons, uma palavra ou uma frase, que são repetidos na meditação. Tenho constatado que os mantras mais eficientes podem ser sugestões positivas que você dá a si mesmo, tal como a palavra "Relaxe". Você verá mais sobre mantras e pensamento positivo no Capítulo 2 (ver também página 188).

Na seqüência completa de relaxamento, na página 28, você usará sua respiração para liberar quaisquer tensões e pressões encerradas no seu corpo. Isso é possível imaginando que sua expiração leva embora com ela toda a tensão. Você entenderá o que eu quero dizer quando chegarmos lá. Mas primeiro precisamos tratar da importante questão da postura.

A postura

A postura correta é simplesmente aquela que faz você sentir-se bem. Outra característica importante da boa postura é ser aberta e expansiva, sem que partes do corpo sejam pressionadas ou comprimidas. Deve-se dar especial atenção à região do peito e do abdômen, mantendo-os livres de pressão para que você possa respirar livremente. Não convém respirar de maneira profunda, rítmica e livre se estiver numa postura desleixada, pois assim você poderá comprimir o estômago e os músculos ao redor do diafragma. Tente fazer o exercício abaixo:

A POSTURA PERFEITA
10 minutos

— Seqüência de relaxamento (página 10).
— Imagine que ao seu lado há outra pessoa meditando, na mes-

ma posição que você. Ela tem um belo porte e mantém uma postura perfeita. Observe a posição da cabeça e do corpo dessa pessoa e procure adotar a mesma postura.

— Imagine que você se funde com essa pessoa perfeita e começa a perceber como se sente adotando essa postura.

— Sinta todo o seu ser se expandindo, à medida que você cria uma sensação de mais espaço dentro de si mesmo. Aos poucos, modifique e expanda sua postura até que ela esteja equilibrada, relaxada e aberta. Imagine que seu corpo ocupa mais espaço que o normal, distendendo-o para fora e para cima, de forma que você cresça alguns centímetros.

— Você está criando uma sensação de maior espaço interior.

— Pratique a técnica de respiração da página 14, sentindo que abriu um espaço maior dentro de si, tornando mais fácil a respiração.

— Quando estiver pronto, abra os olhos.

Quanto à posição a adotar, sugiro que você se deite de costas, com a cabeça apoiada numa almofada e os braços esticados ao longo do corpo. Não cruze as pernas. Alongue-se, de forma que sua altura aumente levemente, e então relaxe. Em vez de se deitar, você pode se sentar numa cadeira que mantenha suas costas retas — e, conseqüentemente, a região do diafragma relaxada e desimpedida.

Na meditação anterior, usei a palavra "porte", que significa que seu corpo deve estar num estado de equilíbrio relaxado, porém alerta. Para chegar a isso, imagine que o seu centro de gravidade é logo abaixo do umbigo e que, quando sentado, todo o peso do seu corpo recai sobre esse ponto.

Outra sugestão para ajudá-lo a conseguir uma postura correta quando sentado é imaginar que alguém está segurando seu cabelo por trás da cabeça, e puxando-o suavemente para cima. Você moverá o corpo na direção em que é puxado, de forma que ele se expanda para cima, a região do diafragma e do estômago se estendam e suas costas se endireitem.

Não exagere, senão, em vez de manter o porte correto, você ficará rijo e tenso. O porte perfeito é obtido quando você já encontrou o equilíbrio entre a postura hiper-relaxada ou curvada para a frente e a postura empertigada e tensa. Não lute com seus músculos — faça deles seus amigos! Deixe-os ficar confortáveis e ajudá-lo a manter o porte correto.

A Técnica de Alexander (ver página 186) é um sistema que coloca uma grande ênfase na postura. Esta pode ser estudada e corrigida para fazer com que nos sintamos melhor com relação a nós mesmos. Nesse sistema, o pescoço deve estar relaxado e solto; a cabeça deve pender levemente para a frente e depois manter-se numa posição confortável; as costas devem se soltar, tornando-se mais largas. Praticar esses movimentos ajudam-no a expandir o corpo e a soltar os músculos, especialmente os das costas, que recebem muita pressão na atividade diária.

Procurar expandir as costas soltando os músculos, e ao mesmo tempo alargando-a. O ideal é manter uma postura que favoreça em vez de atrapalhar a experiência da meditação. É claro que algumas posturas de ioga são boas, porém, para o que nos propomos, sentar-se ou deitar-se é muito mais adequado, desde que você induza a sensação de abertura e mantenha o porte.

Aprumar-se e evitar a postura desleixada o ajudará a atingir a consciência relaxada, mencionada na página 12. Você irá descobrir também que a sensação de expansão e de equilíbrio, que levam à consciência relaxada, cria uma *sensação interior de expansão* — um espaço interior expandido de consciência. A menos que você crie essa impressão de espaço, suas meditações não serão muito eficientes e sua consciência não irá se expandir.

Aos poucos, por etapas, estamos criando um espaço interior de trabalho, onde as meditações possam acontecer. Isso pode não fazer muito sentido por enquanto, porém você irá precisar desse espaço interior no qual as experiências podem chegar até você. Então, novos pensamentos, sentimentos, fantasias e percepções podem surgir e se desenvolver.

Assim, a postura correta não é apenas uma questão de disciplina. É uma forma de criar tanto a consciência relaxada como um espaço interior de trabalho para a experiência da meditação.

Para realçar a sensação de consciência relaxada, mas aberta, não feche os punhos. Alguns professores sugerem deixar as palmas das mãos abertas e voltadas para cima, mas eu acho que isso tensiona os músculos do antebraço. Se você também pensa assim, mantenha as palmas das mãos voltadas para baixo, uma em cada joelho, se estiver sentado, ou ao longo do corpo, se estiver deitado.

Às vezes, eu me sento com a mão esquerda apoiada na direita. Isso tem um significado simbólico: a mão ativa (eu sou destro) torna-se passiva ficando sob a mão não-ativa.

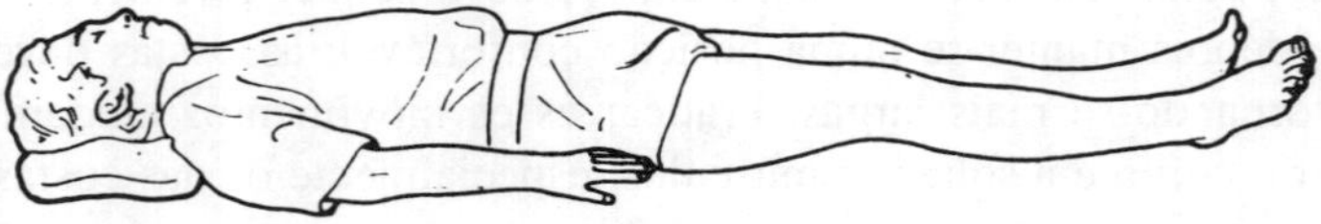

Se você se deitar para meditar, pode achar confortável apoiar a cabeça numa almofada.

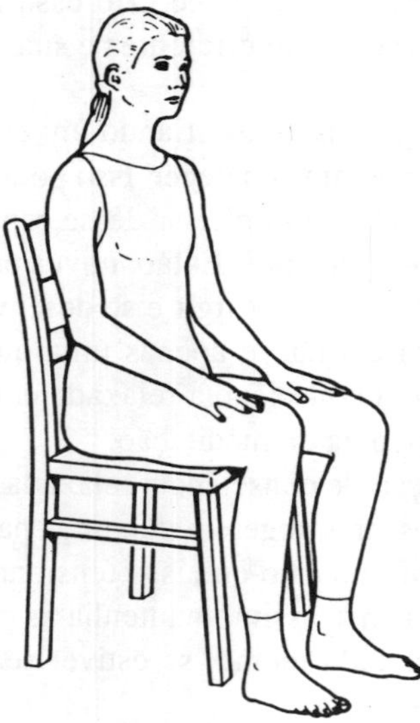

Na posição sentada, certifique-se de que suas costas estão eretas e bem apoiadas. Não fique curvado, pois isso irá comprimir os músculos do abdômen e restringir a respiração.

— Seqüência de relaxamento (página 10).

— Coloque-se na postura perfeita.

— Faça a meditação "Contagem da Respiração" (página 14).

— Na expiração, diga a si mesmo: "Estou relaxado."

— Da próxima vez, ao expirar, diga: "Mantenho o porte adequado." Atente para o seu centro de gravidade quando disser isso.

— Repita: "Estou relaxado..." Inspire. Expire e diga: "Mantenho o porte adequado..." Inspire. Expire e diga: "Estou aberto."

— Diga isso a si mesmo, a cada expiração, e repita esse procedimento por um ou dois minutos.

— Quando estiver pronto, encerre a meditação tornando-se consciente de seu corpo e do ambiente; então abra os olhos.

Até agora, apresentei a você o relaxamento, a respiração e a postura. O relaxamento deve ser feito observando-se a respiração e a postura corretas; ele é obtido criando-se as condições certas. Você agora irá examinar o processo de relaxamento um pouco mais profundamente.

A resposta de relaxamento

Um sistema eficiente para aliviar das tensões no relaxamento é chamado autógeno (ver página 188), e eu adaptei seus aspectos principais para serem empregados no relaxamento que antecede a sessão de meditação.

Abaixo está um programa de treinamento autógeno. A todos os que estiverem interessados em se livrar do estresse, eu o recomendo. É bastante longo e, portanto, inadequado se for executado do começo ao fim como introdução à sessão de meditação, porém será muito eficaz enquanto técnica de relaxamento, cujos resultados são alcançados rápida e facilmente. Todas as etapas da seqüência abaixo podem ser repetidas para que sejam mais eficazes.

Uma boa introdução à autogenia é apresentada no livro de James Hewitt, *The Complete Relaxation Book* (ver Leituras recomendadas na página 208).

Convém praticar o exercício seguinte, de preferência num ambiente de temperatura agradável, onde possa se deitar confortavelmente e não ser perturbado por uns 20 minutos ou mais. Por ser longa a seqüência, você pode pedir a alguém que o ajude a segui-la, ou então gravá-la em fita-cassete.

Johannes Schultz, que desenvolveu o sistema autógeno, salientou que você precisa manter o que ele denominou "uma atitude casual passiva". Conforme Schultz, "o sistema funciona naturalmente — você não precisa fazê-lo funcionar".

PROGRAMA DE RELAXAMENTO AUTÓGENO

Deite-se confortavelmente, com os olhos fechados
Respire normalmente
Mantenha uma respiração lenta e profunda
Deite-se com todo o seu peso
Relaxe e se acomode
Respire lenta e profundamente
Deixe a tensão ir embora
Puxe os dedos e o peito do pé em direção à cabeça e contraia a perna direita fortemente, do pé ao quadril
Relaxe a perna direita
Deixe a perna direita solta e relaxada
Respire suave e profundamente
A respiração deve prosseguir suave e profunda
Puxe os dedos e o peito do pé em direção à cabeça e contraia a perna esquerda fortemente, do pé ao quadril
Relaxe a perna esquerda
Deixe a perna esquerda solta e relaxada
Respire lenta e profundamente
Cerre o punho direito, apertando a mão com firmeza, e contraia toda a área da mão até o ombro
Relaxe o braço
Deixe o braço direito solto e relaxado
Respire lenta e profundamente
Cerre o punho esquerdo, apertando a mão com firmeza, e contraia toda a área da mão até o ombro
Relaxe o braço
Deixe o braço esquerdo solto e relaxado
Mantenha os braços soltos e relaxados, das mãos até os ombros
Respire lenta e profundamente
Contraia os músculos da barriga e pressione para baixo as costas e a cabeça

Livre-se da tensão no abdômen e no tórax
Deixe a tensão se dispersar
Respire lenta e profundamente
Junte os lábios e aperte-os firmemente, contraindo os músculos faciais, do queixo até o couro cabeludo
Relaxe os músculos da face, descontraindo-a; sorria, se quiser
Respire lenta e profundamente
Prenda a respiração e contraia todos os músculos do corpo, desde os pés até o couro cabeludo
Solte o ar pela boca, e relaxe o corpo inteiro
Faça com que a tensão vá fluindo para fora e mantenha todo o corpo relaxado e confortável
Livre-se da tensão a cada vez que expirar
Respire calma e regularmente
Deite-se com todo o peso e solte-se
Continue relaxado e calmo
Deixe o relaxamento tomar conta do corpo e da mente
Deixe-o tomar conta de você
Deixe sua atenção passar suavemente por cada parte do corpo, visualizando cada uma delas, deixando a tensão ir embora. Comece pelos pés
Sinta o pé direito pesado e relaxado
Sinta o pé esquerdo pesado e relaxado
Sinta o tornozelo direito pesado e relaxado
Sinta o tornozelo esquerdo pesado e relaxado
Sinta a barriga da perna direita pesada e relaxada
Sinta a barriga da perna esquerda pesada e relaxada
Sinta o joelho direito pesado e relaxado
Sinta o joelho esquerdo pesado e relaxado
Sinta a coxa direita pesada e relaxada
Sinta a coxa esquerda pesada e relaxada
Sinta o quadril e a nádega direita pesados e relaxados
Sinta o quadril e a nádega esquerda pesados e relaxados
Sinta a perna direita, do pé ao quadril, pesada e relaxada
Sinta a perna esquerda, do pé ao quadril, pesada e relaxada
Sinta a barriga, abaixo do umbigo, e o plexo solar, acima do umbigo, confortáveis e relaxados

Sinta a parte inferior das costas pesada e relaxada
Sinta os músculos do peito confortáveis e relaxados
Respire profunda e suavemente
Sinta as costelas soltas e relaxadas
Sinta a barriga e o plexo solar confortáveis e relaxados
Sinta a parte superior das costas pesada e relaxada
Sinta a mão direita pesada e relaxada
Sinta a mão esquerda pesada e relaxada
Sinta o antebraço direito pesado e relaxado
Sinta o antebraço esquerdo pesado e relaxado
Sinta o cotovelo direito pesado e relaxado
Sinta o cotovelo esquerdo pesado e relaxado
Sinta a parte superior do braço direito pesada e relaxada
Sinta a parte superior do braço esquerdo pesada e relaxada
Sinta o ombro direito pesado e relaxado
Sinta o ombro esquerdo pesado e relaxado
Sinta o braço direito, da mão ao ombro, pesado e relaxado
Sinta o braço esquerdo, da mão ao ombro, pesado e relaxado
Sinta a mão direita relaxada e ficando quente
Sinta o calor fluindo para a mão direita
Sinta a mão direita quente e relaxada
Sinta a mão esquerda relaxada e ficando quente
Sinta o calor fluindo para a mão esquerda
Sinta a mão esquerda quente e relaxada
Imagine ambas as mãos no calor do sol
Esteja passivamente consciente do calor nas mãos
Deixe vir o calor
Deixe o calor fluir, subindo pelo braço direito
Sinta a parte inferior do braço direito quente e relaxada
Deixe o calor fluir, subindo pelo braço esquerdo
Deixe a parte inferior do braço esquerdo quente e relaxada
Deixe o calor fluir pelo cotovelo direito até a parte superior do braço
Sinta a parte superior do braço direito quente e relaxada
Deixe o calor fluir pelo cotovelo esquerdo até a parte superior do braço
Sinta a parte superior do braço esquerdo quente e relaxada
Deixe o calor fluir para o ombro direito

Sinta o ombro direito quente e relaxado
Deixe o calor fluir para o ombro esquerdo
Sinta o ombro esquerdo quente e relaxado
Sinta o braço direito, da mão até o ombro, quente e relaxado
Sinta o braço esquerdo, da mão até o ombro, quente e relaxado
Sinta-se relaxado e em paz
Sinta o pulso calmo e forte
Sinta-se relaxado e em paz
Sinta o pulso calmo e forte
Sinta o calor atingindo todas as partes do seu corpo
Sinta o calor dos ombros fluindo no peito e no alto das costas
Sinta o peito quente e relaxado
Sinta a parte superior das costas quente e relaxada
Respire calma e regularmente
Mantenha-se passivamente consciente da respiração
Respire livremente
Respire calma e regularmente
Deixe a respiração fluir
Deixe a respiração dos músculos livre e relaxada
Deixe a respiração fluir
Respire
Respire calma e relaxadamente
O calor flui até a parte inferior das costas
Sinta a parte inferior das costas quente e relaxada
O plexo solar se torna quente
O plexo solar se aquece com o calor do sol
Todo o abdômen está quente e relaxado
Permaneça passivamente consciente e deixe o calor fluir
O plexo solar está quente
Todo o abdômen está quente e relaxado
O calor flui até a pélvis e os quadris
A pélvis e os quadris estão quentes e relaxados
O calor flui até a coxa direita
A coxa direita está quente e relaxada
O calor flui até a coxa esquerda
A coxa esquerda está quente e relaxada
O calor flui pelo joelho direito até a parte inferior da perna

A parte inferior da perna direita está quente e relaxada
O calor flui pelo joelho esquerdo até a parte inferior da perna
A parte inferior da perna esquerda está quente e relaxada
O calor flui pelo tornozelo direito até o pé
O pé direito está quente e relaxado
O calor fluir pelo cotovelo esquerdo até o pé
O pé esquerdo está quente e relaxado
A perna direita, do pé ao quadril, está quente e relaxada
A perna esquerda, do pé ao quadril, está quente e relaxada
A pélvis e o abdômen estão quentes e relaxados
O plexo solar está quente e relaxado
A parte inferior das costas está quente e relaxada
Os músculos do peito estão quentes e relaxados
A parte superior das costas está quente e relaxada
O braço direito, da mão ao ombro, está quente e relaxado
O braço esquerdo, da mão ao ombro, está quente e relaxado
A garganta e o pescoço estão ficando quentes e relaxados
O corpo todo, dos pés ao pescoço, está se sentindo quente e relaxado
Quente e relaxado
A mente está ficando calma e quieta
Os músculos da fala estão relaxados e inertes
Os músculos da visão estão relaxados e inertes
A mente está quieta e serena
O corpo e a mente estão parados e calmos
A fronte está agradavelménte fria
A mente está fria e calma
Os músculos da face estão relaxados
O corpo está quente e relaxado
O corpo está no calor da luz do sol, e a cabeça, na sombra fria
A luz solar é quente e agradável; a sombra, fria e refrescante
Os braços, pernas e tronco estão pesados, quentes e relaxados
A cabeça está agradavelmente fria
A mente está fria e calma
A atenção está se voltando para dentro
Permaneça passivamente consciente da mente relaxada e calma
A fronte está agradavelmente fria

A mente está fria, calma e tranqüila
Esteja pronto para voltar agora à consciência total
A energia inunda seus braços, pernas e o corpo inteiro
Todo o peso está indo embora
Os músculos faciais estão relaxados e reanimados
Toda a consciência está voltando, enquanto você conta de cinco até zero
Cinco — estique as pernas e solte-as. Quatro.
Três — estique braços e pernas e solte-os. Dois.
Um — abra os olhos, alerta, relaxado e sentindo-se bem. Zero.

Tipos de personalidade

A ênfase do programa acima está em se sentir *pesado e relaxado,* mas há também outro procedimento: criar a experiência de se sentir *leve e relaxado.*

O roteiro para se sentir pesado é adequado para as pessoas de personalidade ativa e animada, que precisam diminuir o ritmo; todavia para aquelas com um temperamento mais realista, ou mesmo mais deprimido, um exercício melhor de relaxamento é deixar que os membros se sintam leves como o ar. Interiormente, você pode precisar "tornar-se leve" em vez de cultivar sentimentos de opressão.

A conduta a seguir depende, em parte, da sua personalidade. A psicologia junguiana ou analítica, criada por Carl Gustav Jung, afirma que existem quatro tipos principais de personalidade: de pensamento, de sentimento, de sensação e de intuição. Esses são semelhantes aos quatro tipos de personalidade que, na Idade Média, foram descritos como os quatro "humores": o sangüíneo (pensamento), o fleumático (sentimento), o melancólico (sensação) e o colérico (intuição). A a moderna Astrologia psicológica também identifica os tipos de personalidade, equivalentes a Ar (pensamento), Água (sentimento), Terra (sensação) e Fogo (intuição).

Menciono-os aqui de passagem, pois é importante levar isso em conta ao escolher as seqüências de relaxamento e de meditação mais adequadas e eficientes; escolha as que se adaptem melhor a você. Nem todas se adaptarão às suas necessidades. Você encontrará mais sobre este assunto no Capítulo 10.

O ambiente de meditação

Criar um ambiente interior favorável é algo que se estende por toda a experiência da meditação. Até agora, temos salientado a criação de um espaço ou ambiente interno, porém devemos atentar também para o ambiente externo. Uma das descobertas que você pode fazer com a meditação é que os limites aparentemente claros entre o nosso eu e o mundo exterior não são tão definidos — e que existe uma relação entre o que percebemos interiormente e os eventos e situações que ocorrem ao nosso redor.

Essa é uma *visão holística,* em que o "interior" e o "exterior" não são claramente divididos, mas estão relacionados. Descobrir e investigar essa relação é um dos aspectos mais estimulantes da meditação. Esta é também uma das razões por que não se pode considerar a meditação uma atividade passiva, sem nenhum significado ou influência na nossa vida exterior. Na verdade, você descobrirá que a meditação tem um efeito benéfico, tanto sobre você quanto sobre as circunstâncias da sua vida e suas relações com os outros.

O ponto principal é que o ambiente em que você medita será considerado como parte da experiência como um todo. Nem sempre é necessário meditar no mesmo horário e no mesmo lugar, embora isso tenha suas vantagens. Fazer da meditação uma *parte da vida diária* deve ser sua meta constante; qualquer coisa que tenda a produzir o efeito oposto, que trate a meditação como algo à parte, sem nenhuma ligação com o curso diário da vida, precisa ser descartada. Assim, se você tem um lugar e uma hora especiais para meditar, procure mantê-los.

Criar uma *atmosfera de ritual* e ter um espaço para praticá-lo ajuda você a se concentrar na meditação. Certifique-se de que o quarto não é muito iluminado e de que tem uma temperatura agradável — os efeitos fisiológicos da meditação podem fazer você sentir frio e, portanto, sentir-se desconfortável, o que não favorece o relaxamento. Certifique-se de que você está bem à vontade e de que sua roupa é folgada e não aperta. Seria bom escolher uma roupa especial para usar somente enquanto está meditando, e uma cadeira, uma almofada ou uma esteira para a sua meditação. O ritual e a regularidade formam um constante pano de fundo, estabelecendo as condições dentro das quais a atividade interior da experiência da meditação possa ocorrer sem distrações.

Se possível, certifique-se de que você não será interrompido durante a sessão de meditação (lembre-se de tirar o telefone do gancho!). Isso pode não ser fácil, especialmente se houver crianças por perto, mas se você não puder contar com paz e quietude, não deixe que isso o impeça de meditar. Vá em frente, de qualquer maneira. As distrações, na pior das hipóteses, são apenas irritantes. Quando você adentra um mundo de consciência relaxada, *seus sentidos se ampliam e se aguçam,* o que significa que o mais leve ruído pode distraí-lo. Assim, em vez de se sentir desmotivado e se irritar, tome isso como um sinal de que sua meditação está funcionando. As distrações podem até mesmo ser incorporadas em seu programa e tornar-se objeto de meditação, como explicarei no Capítulo 2.

No meu grupo regular de meditação, é uma antiga piada dizer que, assim que começamos a meditar, uma cacofonia de ruídos começa lá fora, e as gaivotas que voam por perto tornam-se uma distração especial. Mas verificamos, depois de um tempo, que a aparente coincidência entre os ruídos e a nossa meditação não é nenhuma coincidência — não há aumento no nível geral de ruídos, apenas na percepção dos mesmos.

Você pode notar que seu estômago sempre parece roncar e reclamar quando você medita, e que você começa a salivar. Num grupo, barrigas roncando e ruídos altos de engolir podem fazer você sentir-se embaraçado. Isso não é problema. É normal. É um outro sinal de que você está entrando na experiência da meditação. Quando você medita, sua respiração e ritmo cardíaco, e as funções fisiológicas a ele associadas, diminuem. Esse é um sinal para que a digestão se acelere — daí também a barriga roncando e a salivação. Mais uma vez, trata-se simplesmente de uma questão de consciência ampliada daquilo que está se passando.

Para não se sentir pouco à vontade durante a meditação e impedir o sistema digestivo de afetar sua respiração e ritmo cardíaco — que são automaticamente reprimidos depois da ingestão de alimentos, pois uma refeição pesada faz com que a pessoa se sinta fisicamente cansada —, evite comer antes de mais ou menos uma hora da meditação. Também não tome líquidos, senão você acabará precisando ir ao banheiro.

Agora você está pronto para iniciar uma seqüência completa de meditação/relaxamento, baseada nos exercícios apresentados até o momento. Eis a seqüência na íntegra.

CRIE UM ESPAÇO INTERIOR
10-15 minutos

— Feche os olhos e comece a respirar um pouco mais profundamente que o normal. Deixe que seu diafragma se expanda, enquanto você respira. Então, enquanto expira, deixe que a tensão do corpo flua e se vá, junto com o ar dos pulmões. Você pode inspirar pelo nariz e expirar pela boca, mas não precisa fazer isso, se achar difícil. Inspire de novo, de modo um pouco mais profundo que o normal, e então, enquanto expira, libere toda tensão à medida que começa a relaxar. Repita esse procedimento a cada expiração, ficando cada vez mais relaxado. Deixe que a sua respiração faça o trabalho.

— Pausa.

— Concentre sua atenção nos pés e relaxe-os. Você pode fazer isso movendo-os primeiro em círculos, e então deixando-os soltos. Eis outra maneira de relaxar seus músculos e liberar a tensão do corpo: primeiro, faça com que os músculos fiquem bem tensos e contraídos; então, deixe que se soltem à vontade, enquanto você libera a tensão. Faça isso com os pés. Contraia-os e, então... relaxe.

— Pausa.

— A seguir, desvie sua atenção para as pernas. Deixe que toda a tensão se vá. Imagine o ar fluindo para baixo até as pernas, à medida que você inspira. Então, relaxe enquanto expira. Contraia os músculos das pernas deixando-os bem tensos... Então, solte a tensão e relaxe. Você vai ficando cada vez mais relaxado.

— Pausa.

— A seguir, desvie a atenção para os quadris e relaxe-os da mesma maneira.

— Pausa.

— Você vai ficando cada vez mais relaxado.

— Pausa.

— Agora, volte a atenção para a região central do seu corpo, em especial a região ao redor do estômago e do plexo solar. Perceba como a sua postura está suspensa sobre e ao longo do seu centro de gravidade.

— Pausa.

— Sinta-se relaxado.

— Pausa.

— Agora, os ombros e o pescoço.

— Pausa.

— Sinta-se relaxado.

— Relaxe os braços e as mãos.

— Pausa.

— Finalmente, relaxe os músculos da cabeça e da face. Dê um leve sorriso.

— Pausa.

— Aprecie esse relaxamento completo.

— Pausa.

— Se houver uma parte do corpo que ainda esteja tensa, concentre-se nela outra vez e relaxe-a ainda mais.

— Pausa.

— Torne-se outra vez consciente da sua respiração e pratique a contagem da respiração por um momento.

— Pausa.

— Agora, torne-se um observador dos seus pensamentos. Não os interrompa; simplesmente observe-os à medida que eles passam pela mente. Preste atenção nos seus pensamentos. Tome nota deles. Então, deixe que se vão e que outros pensamentos apareçam. Observe-os... então deixe que se vão. O que passa pela sua mente?

— Pausa.

— Deixe que esse pensamento vá embora... e relaxe... Coloque a palavra "Paz" na sua mente. Medite sobre a "Paz". Deixe-a tocar seu coração, sua mente e sua respiração. A paz preenche o seu corpo por dentro e por fora. Libere a palavra "Paz", para que somente o espírito da paz permaneça.

— Pausa.

— Sinta-se tranqüilo.

— Pausa.

— Agora, observe seus sentimentos. Como está se sentindo hoje? Preocupado? Entediado? Deprimido? Feliz? Quaisquer que sejam seus sentimentos, simplesmente perceba-os, observando e deixando que existam. Talvez outro sentimento venha-lhe à consciência. Deixe que venha. Conscientize-se dele. Deixe então que o sentimento se vá... enquanto você permanece tranqüilo.

— Pausa.

— Este é o fim da seqüência de relaxamento. Se desejar, pode permanecer totalmente relaxado enquanto faz uma das meditações apresentadas posteriormente, ou pode encerrar a meditação. Para encerrar, volte a atenção para a sua respiração. Respire um pouco mais profundamente que o normal... Fique consciente do seu corpo e do ambiente à sua volta... Então, quando estiver pronto, abra os olhos.

A meditação "Crie um espaço interior" pode ser usada como uma seqüência introdutória para qualquer meditação apresentada a seguir. Você também pode usá-la a qualquer momento para induzir o relaxamento, diminuir as tensões e promover uma sensação de bem-estar.

Visualização

Agora que você criou um espaço interior de trabalho, é hora de fazer sua primeira meditação. Ela incluirá uma visualização, em que você usará a imaginação para criar imagens interiores.

ENTRE NA FLORESTA
20 minutos

— Proceda como está indicado na seqüência de relaxamento "Crie um Espaço Interior" (página 28).

— Imagine que você está em pé na margem de uma floresta, procurando um caminho até ela. Não é uma floresta que você conheça na vida real, mas uma que existe dentro de você, na sua imaginação.

— Pausa.

— Sinta-se como se estivesse lá: sinta o chão sob os seus pés e olhe ao redor para descobrir o que você pode ver. Forme uma imagem na sua mente.

— Pausa.

— Como está o clima? Você pode ouvir alguma coisa? Pássaros cantando, talvez? Qual é a época do ano?

— Pausa.

— Você pode ver um caminho até a floresta, e então decide entrar.

— Pausa.

— Não vá longe demais. Siga até as árvores; então pare e sinta a atmosfera e a mudança de cenário. Tudo vai ficando mais escuro, à medida que as árvores o encobrem, mas você ainda pode ver um pequeno caminho.

— Pausa.

— Se quiser, você pode penetrar ainda mais na floresta e começar a explorá-la. Procure perceber, em particular, as árvores que o rodeiam, suas cores e espécies, e a atmosfera que elas criam.

— Pausa.

— Escolha uma árvore em particular e suba nela. Sinta-lhe a casca e observe as raízes debaixo da terra, e os galhos acima.

— Pausa.

— Vá um pouco mais adiante na floresta para ver o que pode encontrar.

— Pausa.

— Quando estiver pronto, faça o caminho de volta até estar mais uma vez na margem da floresta.

— Pausa.

— Você pode voltar à floresta a qualquer momento para continuar sua exploração.

— Pausa.

— Para encerrar a meditação, preste atenção na sua respiração. Respire um pouco mais profundamente. Torne-se consciente de seu corpo e do lugar em que você está meditando. Quando estiver pronto, abra os olhos, mantendo-se completamente relaxado.

Algumas pessoas consideram a visualização muito fácil, enquanto para outras ela é mais complicada. A maior parte das crianças pode fazer visualizações sem nenhuma dificuldade; contudo, à medida que elas crescem, vão ficando mais inibidas e a capacidade de visualizar desaparece.

Muitas das meditações que seguem incluem sugestões para a visualização criativa. Se a princípio você achar difícil, persista, pois, com a prática, ela se tornará mais fácil. Para algumas pessoas, a visualização não é uma coisa fácil de fazer. Se isso acontece com você, não tem importância; as meditações continuarão sendo eficazes. Em vez de visualizar imagens, deixe que pensamentos, sentimentos e impressões aflorem em você à medida que eu faço as sugestões. Todas as observações apresentadas a seguir sobre a importância das imagens interiores aplicam-se também aos pensamentos, sentimentos e impressões que surgem em lugar das imagens, durante suas meditações.

Comunique-se com o inconsciente

O inconsciente (ver página 190) contém todas as novas possibilidades e potenciais para o futuro que estão dentro de nós. Ele é o receptáculo de todas as nossas memórias e experiências passadas. O inconsciente é a fonte de todos os impulsos criativos e o mar de onde emerge uma ilha de autoconsciência que chamamos de *ego.* Nós nos identificamos com o nosso ego, porém, na realidade, o nosso ser se compõe do inconsciente e também de todos os nossos eus conscientes. Atuando continuamente dentro de nós há um outro mundo de atividade do qual normalmente estamos por completo inconscientes. Trata-se da atividade inconsciente.

Na meditação, nos voltamos para dentro e criamos um espaço interior através do qual o conteúdo do inconsciente pode vir até a nossa consciência. A meditação faz com que nos tornemos conscientes de todas as possibilidades e potenciais ocultos que repousam dentro de nós. O inconsciente contém todas essas possibilidades. Sua camada superficial abriga todas as nossas memórias e experiências pessoais que não estão na consciência do dia-a-dia. Nas suas camadas mais profundas, repousam todas as memórias e experiências que compartilhamos como seres humanos. Ainda mais no fundo estão a nossa natureza instintiva, animal, física, e as memórias da nossa existência ao longo da História da evolução humana. A camada mais profunda do inconsciente é o nosso corpo físico e tudo o que consideramos exterior a nós.

Falarei mais sobre isso; mas, por enquanto o importante é aprender, por meio da meditação, a estabelecer a correta relação com o inconsciente de maneira que suas energias criativas, capazes de tornar a vida melhor, possam trabalhar conosco de maneira construtiva. Sem essa relação, a energia criativa da vida é reprimida e pode até mesmo nos causar problemas. Muitos dos impasses da vida, e mesmo algumas doenças derivam de uma relação deficiente com os estímulos interiores do inconsciente.

A meditação nos torna mais conscientes e capazes de perceber esses estímulos, que podem chegar até nós por meio de pensamentos e de sentimentos, ou diretamente do corpo físico. Eles também podem ser detectados no tipo de imagens interiores que foram usadas na meditação anterior. O inconsciente comunica-se conosco por meio dessas imagens. Em sonhos, não temos controle sobre elas, mas na meditação é possível escolher as imagens que desejamos trabalhar e analisar. O inconsciente pode então se manifestar e ser criativo, ajudando essas imagens a mudar, a crescer, a se movimentar e a se desenvolver. O segredo é começar estabelecendo uma imagem em particular e, então, deixar que o processo criativo aconteça. Quando isso estiver ocorrendo, você deverá aceitar qualquer imagem que surgir sem questionar ou censurar, mesmo que elas pareçam banais ou óbvias. Simplesmente aja como um observador, assim como fez com seus pensamentos, sentimentos e sensações.

Símbolos e arquétipos

As imagens visualizadas na meditação são *símbolos* impregnados de significado. Os símbolos têm uma *qualidade arquetípica*, ou seja, cada símbolo tem um significado, independentemente do indivíduo que o cria ou que o considera. (Ver página 199, para mais informações sobre símbolos e arquétipos.) O significado desse aspecto arquetípico dos símbolos pode ser descoberto a partir das associações feitas sobre eles pela cultura em que vivemos, ou por culturas anteriores e suas mitologias.

Por exemplo, um significado arquetípico vinculado ou associado à cobra ou à serpente pode ser a idéia de sabedoria ou de conhecimento intuitivo. A rosa representa o amor, a borboleta, o renascimento, e assim por diante. Conhecer esses significados arquetípicos ajuda-nos a escolher imagens ou símbolos apropriados com os quais trabalhar durante a meditação, porém eles não são tão relevantes quando se quer interpretar as imagens que surgem espontaneamente na meditação.

Os símbolos que surgem na meditação podem ter um significado pessoal que talvez tenha pouco a ver com o significado arquetípico. Além disso, os sentimentos ou a atitude das pessoas com relação à mesma imagem podem ser muito diferentes. O que importa é como *você* interpreta o símbolo ou imagem, e não o significado que um livro possa atribuir a eles.

Essas imagens não devem ser necessariamente interpretadas num sentido literal; à primeira vista, seu significado pode até mesmo ser enganoso. A atitude correta é tornar-se um observador do mundo interior da sua imaginação e deixar que as imagens se descortinem naturalmente. Mencionei que os símbolos são "impregnados de significado", o que sugere que o significado dos símbolos visualizados durante a meditação ainda estão por se revelar e vir à luz; com o tempo, eles irão mostrar sua importância e presentear você com uma oportunidade de exploração, um caminho no aprofundamento da sua meditação. Definições e interpretações imediatas não deixam espaço para que a consciência se expanda ainda mais e as imagens perderão sua vitalidade. Deixe que elas cresçam, se modifiquem e evoluam.

As imagens associadas com o encontro de um caminho são poderosos portais para uma consciência mais ampla. Essas imagens incluem espelhos, vãos de entrada, cavernas, água e túneis. Imagine-se, na meditação, olhando para uma dessas imagens ou passando por elas — cruzando uma porta, por exemplo — e automaticamente você irá aprofundar sua experiência de meditação.

A imagem que usei na meditação anterior era a de uma floresta. Entrar na floresta simboliza o ingresso no mundo mágico, de contos de fadas, do inconsciente, onde não vigoram as leis físicas do universo e as leis da mitologia, os contos de fada e a imaginação é que prevalecem. Nas várias lendas medievais sobre a busca do Santo Graal, cada cavaleiro da Távola Redonda partia sozinho do castelo do rei Arthur: "Cada um tomou o caminho que havia escolhido, em direção ao que julgavam ser o ponto mais distante da floresta." Dessa forma, cada cavaleiro iria se defrontar com sua própria aventura pessoal, diferente de todas as outras.

Uma jornada interior

É claro que mesmo nos dias de hoje é possível empreender uma jornada heróica no mundo, porém nossas jornadas são empreendidas dentro de nós mesmos. Ao ingressar no caminho da meditação, você estará iniciando a sua aventura particular. O inconsciente oferece a imagem do Graal como sua meta — uma taça de infinitos tesouros espirituais. O primeiro passo é entrar na floresta, comprometer-se a fazer a jornada. Suas metas particulares podem ser menos fantasiosas que a do Santo Graal, porém o que quer que você tenha em mente, a jornada em direção a elas está começando agora.

Este capítulo tratou das informações básicas acerca da meditação: a prática da consciência relaxada e a técnica de se tornar um observador de si mesmo. O Capítulo 2 dá continuidade a este assunto, apresentando meditações para pessoas com um estilo de vida agitado ou estafante. Ele também traz comentários a respeito do uso de mantras e do pensamento positivo, bem como ajuda você a tomar consciência do seu panorama interior, como uma inspiradora fonte de sabedoria interior.

2

Meditação para o estilo de vida ocidental

Você reconhece algumas das seguintes afirmações?

"Parece que nunca tenho tempo para mim."

"Quero meditar, mas isso toma muito tempo."

"Eu gostaria de meditar, porém sempre me distraio."

"Sou muito ativo e a meditação seria entediante para mim."

"As outras pessoas exigem tanto de mim que não consigo encontrar tempo ou espaço para meditar. Sempre parece haver coisas mais importantes a fazer."

"A meditação ajudaria a me livrar da tensão e da ansiedade; porém lá pelo fim do dia, estou tão cansado que tudo o que eu quero é pôr os pés para cima e ver televisão."

Todos esses comentários são feitos por pessoas ocupadas, cujo trabalho ou família exigem muito, que têm obrigações estressantes e que tomam todo o seu tempo, e que não podem colocar a si mesmas em primeiro plano devido às suas inúmeras responsabilidades e compromissos. Essas são características típicas de um estilo de vida ocidental, que você provavelmente enfrenta diariamente. A educação em período integral, o trabalho, a carreira, a vida em família e a criação dos filhos são situações que exigem de nós toda a dedicação, mesmo que não desejemos ou que não consigamos dar conta dessas exigências.

Assim, parece vir à tona um certo conflito entre o estilo de vida ocidental e a meditação, que requer que você reserve regularmente um tempo que geralmente não tem, e então esqueça as exigências do mundo exterior e se concentre, em vez disso, totalmente em si mesmo.

"Parece que nunca tenho tempo para mim"

É natural que sempre haja algo mais a fazer. Consiga um tempo livre e você pode ter certeza de que ele será imediatamente preenchido. Mas essa é uma situação malsã. Se você nunca tem tempo para si mesmo, sua capacidade natural de rejuvenescer acaba falhando e você começa a ter cada vez menos energia, disposição e vigor, de forma que as tarefas da vida diária levam sempre mais tempo para serem concluídas. A meditação acaba com esse círculo vicioso e tem um efeito semelhante a tirar férias, ajudando-o a "recarregar as baterias". Se você nunca tem tempo para si próprio, então de um ponto de vista puramente prático, é importante que consiga algum. Os comentários do tópico seguinte podem ajudá-lo nisso.

"Quero meditar, mas isso toma muito tempo"

Se você pensa assim porque tem dificuldade para tornar a meditação um hábito ou se comprometer em fazê-la, deixe-me tirar esse fardo dos seus ombros. Isso simplesmente não é verdade. A eficácia da meditação não tem relação direta com a quantidade de tempo que se passa praticando-a. Você *pode* despender um tempo enorme meditando para conseguir bons resultados, porém não existe razão por que deva fazer isso. Adiante, neste capítulo, incluo uma meditação curta e eficiente que, acredite ou não, vai ocupá-lo por apenas alguns segundos (Capte o Momento, página 44). A qualidade dos resultados não depende da duração da meditação.

Temos na nossa mente uma imagem equivocada que deturpa nossa atitude com relação à meditação: a do monge budista que devota sua vida inteira a essa prática. Tire essa imagem da cabeça. Se esse estilo de vida o agrada, siga-o, porém meu interesse aqui é usar a meditação para elevar a qualidade do estilo de vida ocidental, e não para ser uma alternativa a ele.

"Eu gostaria de meditar, porém sempre me distraio"

O problema aqui não é tempo, mas "espaço", isto é, ter um ambiente adequado à sua disposição. Isso não é fácil se, por exemplo, você tem filhos pequenos — tente dizer a uma criança de três anos para não interrompê-lo por dez minutos!

Uma atmosfera propícia certamente facilita a meditação, especialmente se não houver barulho ou interrupções. Contudo, isso pode levar à falsa idéia de que a meditação é algo separado da vida diária, algo que só pode ser praticado quando já foram concluídas as tarefas do dia. Na realidade, algumas meditações podem ser feitas enquanto você faz suas tarefas diárias; e, o mais importante, a experiência da meditação deve continuar depois da sessão de meditação e permanecer na vida diária. É errado limitar sua meditação e considerá-la como algo que somente ocorre eu certas condições. O mais importante é que ela pode ser integrada ao seu estilo de vida normal. Você pode usufruir dos seus benefícios não apenas enquanto está de fato meditando, mas também em outros momentos. Literalmente, a vida como um todo pode tornar-se uma experiência de meditação, em que ficamos mais conscientes de nós mesmos e também capazes de conduzir melhor a nossa vida.

"Sou muito ativo e a meditação seria entediante para mim"

Então você acha que meditar significa esvaziar a mente e não fazer nada? A técnica que desenvolvi deve muito às idéias que tive nos trabalhos com a mente, baseados nas técnicas de meditação oriental, mas eu as adaptei para servirem à mente ativa que está constantemente cheia de coisas para pensar, sentir e fazer. Longe de ser entediante, você vai achar, na verdade, o contrário. A meditação de que trata este livro não significa necessariamente deixar os pensamentos e sentimentos de lado. Você irá descobrir que sua imaginação, em especial, é estimulada e incentivada e que o resultado final é uma nova vida e um crescente entusiasmo, que oferece a você a dádiva da descoberta de novas dimensões para a sua existência. Se quiser se divertir com uma combinação de estímulo e relaxamento, esqueça a idéia de que a meditação é aborrecida. Você está a ponto de conhecer novos mundos dentro de si mesmo, uma jornada interior em que você é o explorador descobrindo territórios que não estão no mapa e possibilidades ilimitadas.

Se você for uma pessoa criativa, achará a meditação um meio prático para estimular sua imaginação, clarear suas idéias e proporcionar-lhe inspiração. A meditação oferece a possibilidade de ter "experiências de pico", para usar o termo empregado pelo psicólogo humanista Abraham Maslow (ver página 198). Ele afirmava que as experiências do místico, do gênio, do inventor e do artista são comumente consideradas como algo, na melhor das hipóteses, incomum e, na pior delas, anormal. Ele não concordava com isso, pois, a seu ver, mediante o estímulo apropriado, todos nós temos potencial para ter essas experiências de pico, em que a vida parece mais intensa. Lampejos de inspiração e o sentimento místico criado natural e espontaneamente em certos momentos da vida podem ser alcançados com a meditação. Eles não podem ser contidos como a água de uma torneira, mas a nossa consciência e experiência a respeito deles podem ser grandemente aumentadas, se nos abrirmos para as experiências inspiradoras que existem dentro de nós.

"As outras pessoas exigem tanto de mim que não consigo encontrar tempo ou espaço para meditar. Sempre parece haver coisas mais importantes a fazer"

Já respondi parcialmente a essa questão nos parágrafos anteriores, mas eu quero acrescentar aqui algo que considero importante para muitos leitores. Enquanto estamos em idade de crescimento, são feitas muitas exigências quanto ao nosso comportamento desde a mais tenra idade; ensinam-nos como nos comportar e como nos tornar adultos responsáveis, capazes de viver em sociedade e de contribuir para ela. Mais tarde, os compromissos profissionais e familiares fazem outras imposições quanto ao nosso tempo, comportamento, atitudes e crenças. Todo contato com o mundo interior da infância e com os sonhos e aspirações da adolescência ou da juventude aos poucos vai sendo perdido no turbilhão da vida diária.

Chega um momento em que as obrigações impostas pelo mundo exterior podem tornar-se menos estimulantes, aborrecidas, talvez repetitivas e sem sentido. Nessa hora, evidentemente, é possível que a negligência com a vida interior tenha um efeito negativo sobre as circunstâncias externas da vida. Sua carreira, seus relacionamentos e até mesmo sua saúde são afetados. O chamado faz a sua atenção se voltar para dentro de si mesmo e, assim, você pode ouvir de novo a voz interior que diz a verdade quando lhe fala sobre o que *você* precisa. Isso significa entrar em contato, talvez de novo, com nossos sonhos e fantasias não concretizados, não realizados. Quer você consiga ou não isto por meio da meditação — e ela certamente é um dos caminhos a serem seguidos — sem tomar nenhuma atitude nesse sentido, sua vida interior estagnará à medida que você vai perdendo contato com suas necessidades como indivíduo. O resultado será a futura deterioração das circunstâncias externas da sua vida.

Quando eu apresentar a Jornada na Montanha na página 48, falarei mais sobre esse processo que muda a ênfase da consciência voltando-a para dentro a fim de renovar a fonte de nossa energia e da nossa vida. Por enquanto, em resposta ao desafio de que "Há coisas mais importantes a fazer", eu afirmo que a nossa vida interior e suas necessidades têm de ser incluídas entre as nossas prioridades, pois de outro modo a vida fica estagnada e sem sentido. Todos nós devemos conseguir algum tempo e espaço para rejuvenescer. Nesse tempo e espaço, a meditação é um excelente caminho para "recarregar as baterias".

"A meditação ajudaria a me livrar da tensão e da ansiedade, porém lá pelo fim do dia estou tão cansado que tudo o que eu quero é pôr os pés para cima e ver televisão"

Esse tipo de inércia é difícil de combater — eu sei disso por experiência própria. Muitas coisas diferentes podem ser usadas como "objetos de meditação". Os itens comuns incluem velas, cristais e flores, de forma que minha próxima sugestão pode parecer estranha. Um programa de televisão também pode tornar-se um objeto de meditação! Usando o método descrito na página 43, você pode realmente incluir a tevê na sua meditação.

A técnica deve levar você à inércia e além dela, de modo que a meditação irá verdadeiramente ajudá-lo a relaxar e a se soltar. À medida que você atinge esse estado, começará a meditar mais profundamente e o cansaço do dia irá simplesmente diminuir e desvanecer-se. Talvez com a visualização (da página 190) você possa até mesmo, usando a imaginação, criar uma tela interior de tevê e meditar sobre os programas que nela são apresentados.

Pensamento positivo

Continuando a falar sobre a prática de voltar a consciência para o mundo interior, a chave da experiência da meditação é tornar-se um observador de si mesmo, como na primeira meditação do Capítulo 1 (página 12). Faça-a novamente. Feche os olhos e preste atenção nos seus pensamentos e, a seguir, nos seus sentimentos e, então, nas mensagens que seu corpo estiver lhe enviando.

Essa prática é muito útil para pessoas ocupadas, que vivem sob pressão, pois você irá se tornar mais consciente das mensagens da mente, das emoções e do seu corpo, e que, de outra maneira, não chegariam até você por estarem perdidas no tumulto da atividade, dos sons, das sensações e dos movimentos, e do dia-a-dia. Simplesmente pare por um momento e deixe que elas aflorem. Esse tipo de observação de si mesmo ajuda você a deslizar para dentro — e depois para fora — da experiência da meditação.

Há uma meditação zen chamada "Simplesmente Sentar-se", que é, em essência, o mesmo processo que acabei de descrever. Para ajudar a conquistar e acalmar o fluxo dos pensamentos, sentimentos e sensações, as técnicas de meditação tradicional usam um objeto de meditação. Esse "objeto" pode ser uma palavra, ou som, ou um mantra, que você repete para si ou em voz alta a fim de que sua atenção permaneça concentrada nele.

Os seres humanos são sugestionáveis — coloque um pensamento na mente e nós logo reagimos a ele. O princípio do pensamento positivo desenvolveu-se a partir disso. Se somos sugestionáveis, então por que não colocar pensamentos positivos na mente? Junte a isso o uso de um mantra e você terá um recurso que poderá ser usado para atingir a sua meta.

Estabeleça para si mesmo um objetivo agora. Você quer perder peso, ter mais confiança em si mesmo ou simplesmente relaxar mais? Na Meditação Transcendental, ou MT, lhe é dado um mantra, porém na minha técnica você pode escolher o seu próprio mantra. Sua palavra pode ser "Sucesso", "Confiança" ou 'Tranqüilidade", aplicada às situações acima. Você pode escolher uma frase curta se preferir, tal como "Calma e Tranqüilidade", ou poderia usar uma das afirmações positivas sugeridas abaixo.

AFIRMAÇÕES

A vida é linda. Eu sou lindo.

Minha força interior está aumentando a cada momento.

Minhas expectativas serão satisfeitas.

Não há limites na vida.

A força da vida universal me preenche.

Infinitas riquezas repousam dentro de mim.

Eu estou no controle.

Eu aceito a responsabilidade pela minha vida.

Eu me abro para a força e o poder.

Eu me sinto seguro.

A vida flui livremente através de mim.

A abundância está aqui e agora.

Minhas necessidades estão sendo atendidas.

Eu tenho a coragem de ser bem-sucedido.

Eu atingirei a minha meta.

Minha confiança está crescendo o tempo todo.

Eu me abro para o amor.

Eu aceito o meu eu por inteiro.

A vida flui através de mim e eu sigo esse fluxo.

Eu sinto calma interior.

Eu sou livre.

Eu aceito tudo o que vem a mim.

Eu posso transformar a minha vida.

O momento presente é tudo o que existe para mim.

Eu me abro para receber a generosidade da vida.

Eu estou no lugar certo, no momento certo.

Escolha uma afirmação para usar como um mantra e incorpore-a na meditação "Pensamento Positivo". Você também pode criar a sua própria afirmação, ou adaptar uma das que foram sugeridas acima para servir às suas necessidades.

PENSAMENTO POSITIVO
10 minutos

Observe a seqüência abaixo:

— Seqüência de Relaxamento (página 10).
— Auto-observação (página 13).
— Contagem da Respiração (página 14).
— Agora, mantenha-se concentrado na respiração, mas pare de contar. Cada vez que expirar, você deve entoar o mantra para si mesmo ou em voz alta.
— Pausa.
— Torne-se de novo consciente da sua respiração. Respire um pouco mais profundamente. Torne-se consciente do seu corpo e do ambiente ao seu redor e, quando estiver pronto, abra os olhos.

A duração de cada etapa da meditação é por sua conta — demore o tempo que achar conveniente. No Capítulo 8 você encontrará uma seleção de passagens breves que são assuntos apropriados para meditação. Alguns deles podem ser usados como mantras. Simplesmente, escolha o mantra que mais lhe agradar e memorize-o. Então, use-o na meditação acima.

Usar um mantra para favorecer o pensamento positivo pode trazer benefícios diretos em muitas situações, especialmente se você precisa adquirir confiança para ser bem-sucedido em uma dada tarefa ou para atingir a sua meta. É também um antídoto para o pensamento negativo, pois afasta da mente a idéia do "eu não consigo".

O uso tradicional de um mantra consiste em focalizar a mente, não deixando-a se distrair com pensamentos e sentimentos que dificultem a entrada no estado meditativo. Um mantra pode certamente ajudar a atingir esse estado e irá também induzir a resposta de relaxamento descrita no Capítulo 1. Qualquer objeto pode ser usado para ajudar a focalizar sua atenção e trazê-lo para um estado ampliado de consciência relaxada. Como já foi mencionado, uma vela, um cristal, uma flor, ou mesmo um aparelho de televisão podem ser usados como um objeto externo no qual concentrar o olhar, ou como um objeto interior visualizado pela mente.

Este é um exercício valioso e estimulante, que você achará muito útil. No entanto, acredito que a maioria dos leitores estará interessada em desenvolver uma experiência de meditação mais "ativa", no sentido de observar o crescimento, as mudanças, os movimentos, os pensamentos, as imagens e os sentimentos dentro de si mesmo.

Existe uma meditação muito simples, que proporciona de modo eficaz, principalmente às pessoas muito ocupadas ou muito tensas a resposta de relaxamento e a experiência de meditação que daí advém. Ela pode ser feita em questão de segundos e é, portanto, uma meditação maravilhosa se você não dispõe de tempo. Não é preciso dizer que essa experiência pode ser estendida pelo tempo que você quiser.

Na nossa consciência normal, durante a vigília, somos bombardeados por experiências sensoriais, impulsionadas por necessidades e comandos internos semiconscientes. Nossa concentração e os alvos da nossa atenção em geral são tão efêmeros que, em vez de permanecermos numa única fonte de informação, simplesmente a examinamos superficialmente e nos dirigimos ao próximo objeto que chama a nossa atenção.

Quando nossos olhos se fixam em apenas uma fonte de informação, eles recebem um fluxo constante de dados sobre forma, cor, luz e sombra, de maneira que nossa atenção visual fica adejando ao redor, como uma borboleta. E o mesmo acontece com nossos outros sentidos. Somos tão bombardeados por informações que é possível que só notemos algo quando ele desaparece de repente, assim como só nos damos conta de um relógio quando ele pára de fazer tique-taque. Tente isto:

CAPTE O MOMENTO
1 minuto

Relaxe... e então concentre sua atenção em um único objeto visual em particular ou em um som, e mantenha sua atenção nele o máximo que conseguir. Se a sua atenção se desviar, traga-a de volta. Deixe que a sua consciência do objeto ou do som se amplie, incluindo detalhes como cor, textura ou timbre.

Você achará muito interessante a experiência desse simples ato. Primeiro, você irá se dar conta de como a sua atenção se desvia facilmente. Segundo, você chegará a essa conclusão deixando que a sua atenção repouse por um tempo enquanto você invoca um estado de relaxamento e de paz interior. Terceiro, você irá descobrir que, se praticar o exercício "Capte o Momento" regularmente, desenvolverá uma sensibilidade maior e uma consciência mais ampla das cores e dos sons. Como resultado, você se tornará mais seletivo e capaz de se cercar do tipo de coisas que o fazem se sentir bem e que exercem sobre você uma influência positiva.

Crie uma paisagem interior

Se você pensa seriamente em empreender sua jornada interior, então é prioritário criar um ambiente interior apropriado para você trabalhar. Assim como é preciso criar condições e um ambiente externo que favoreçam a meditação, como foi mencionado no Capítulo 1, é importante criar um ambiente interno, um espaço de trabalho interior. Esse é o propósito da próxima meditação. Eu lhe pedirei para se visualizar num jardim, que você então irá percorrer e conhecer. O jardim é uma imagem arquetípica de uma porção de terra protegida e sagrada, que aparece freqüentemente em textos religiosos, na tradição alquímica (ver página 198) e nas histórias que descrevem a busca do iniciado pelo conhecimento.

Esta é uma meditação à qual você poderá recorrer sempre que sentir necessidade de analisar algo, talvez um problema pessoal ou uma decisão sobre a qual estiver em dúvida. Voltaremos a ela em capítulos posteriores. O jardim é um lugar de contemplação onde você pode procurar interiormente por conselhos e inspiração. É também um lugar interior onde você pode ir para ficar sozinho consigo mesmo, e dar a si próprio tempo e espaço.

O JARDIM INTERIOR
20 minutos

— Seqüência de relaxamento (página 28).

— Quanto estiver pronto, imagine que você está num jardim. Não é um jardim que você conheça de fato, mas um jardim que você cria na sua imaginação, e vê com os olhos da mente. O jardim é cercado talvez por um muro, sebe ou grade... Forme em sua mente a imagem de um jardim e você dentro dele.

— Pausa.

— Imagine-se realmente lá, sentindo o chão debaixo dos pés e o ar ou a brisa contra o rosto.

— Pausa.

— Como está o tempo? É um dia nublado ou ensolarado? Faz frio ou calor? Está ventando ou não?

— Pausa.

— Que época do ano é? É primavera, verão, outono ou inverno?

— Pausa.

— Olhe ao redor e veja se ele parece um jardim pequeno ou grande. Em que condições ele está? Está bem conservado ou precisa de cuidados?

— Pausa.

— Saiba que esse é o seu jardim interior. É um espaço interior aonde você pode ir em suas meditações, em qualquer momento que desejar. É um lugar seguro no qual nada nem ninguém pode penetrar, a menos que você queira. É um lugar aonde você pode ir para resolver qualquer problema da sua vida... um espaço particular de contemplação.

— Pausa.

— Comece a passear pelo jardim. Realmente sinta-se lá. Que plantas e arbustos você pode encontrar? Que flores brotam ali? Olhe para elas. Toque-as. Aprecie a beleza delas.

— Pausa.

— Há pássaros ou animais no jardim? Eles são seus amigos e não terão medo de você.

— Pausa.

— Caminhe pelo jardim, explorando-o e memorizando tudo o que vê, para que possa voltar lá outra vez, no futuro.

— Pausa.

— Agora, eu quero que você encontre um lugar no jardim que tenha uma atmosfera especial. Uma área para a qual você se sinta atraído e que passe a ser o seu lugar favorito no jardim.

— Pausa.

— O que é que o atrai nesse lugar especial? O que você sente aí?

— Pausa.

— Enquanto estiver nesse lugar, imagine que um pássaro ou um animal amigo se aproxime e fale com você. Aceite o que vier até você primeiro.

— Pausa.

— O que faz essa criatura querer se comunicar com você? Escute-a.

— Pausa.

— O que essa criatura necessita de você? Imagine que você recebe um presente. Algo que você possa levar consigo e usar na sua vida diária. Aceite o que quer que lhe ocorrer primeiro. Talvez o animal ou pássaro explique o significado desse presente e como você pode se beneficiar dele.

— Pausa.

— Quando estiver pronto, deixe o animal ou pássaro desaparecer e pense por um momento no que acabou de acontecer.

— Pausa.

— Agora passe mais algum tempo apreciando o jardim.

— Pausa.

— Antes de terminar a meditação respire um pouco mais profundamente do que o normal.

— Pausa.

— Volte a atenção para o seu corpo, para o ambiente em que você está meditando.

— Pausa.

— Permaneça completamente relaxado e abra os olhos... Passe um ou dois minutos analisando a meditação que acabou de fazer.

— Pausa.

— Você pode voltar ao seu jardim interior sempre que quiser.

Reveja a sua vida

A próxima meditação lhe dá uma oportunidade de revisar a sua vida, de contemplar de onde você veio e para onde está indo. Você meditará no topo de uma montanha, de onde poderá apreciar o panorama abaixo. Você terá a chance de se confrontar consigo mesmo: sozinho na montanha, você pode descobrir a si próprio, quem é e para onde está indo em sua vida. Essa é a mesma experiência por que passam os exploradores "de verdade".

A montanha é uma imagem para aqueles que buscam revelações acerca de si mesmos e o autoconhecimento. No livro *Zen and the Art of Climbing Mountains,* Neville Schulman diz:

> "As montanhas sempre foram lugares mágicos e especiais; geralmente, nas ilustrações, elas aparecem envoltas por uma névoa e cercadas de grandes mistérios. Os deuses viveram nelas; muitos reis construíram ali seus castelos e fortalezas; as pessoas comuns geralmente

eram proibidas de chegar até elas. Até hoje existe uma chamada Machapuchhare (Rabo de Peixe), a montanha sagrada do Nepal, que ninguém é autorizado a escalar... Através dos séculos, as montanhas têm exercido poderosas influências na nossa imaginação e, acertadamente, muitos países tratam suas montanhas como tesouros nacionais ímpares. Um texto hindu do *Devistrotra* afirma: "Enquanto esta região tiver montanhas e florestas, esta terra sobreviverá."

As experiências passadas em montanhas podem levar a um processo de mudança e de transformação da personalidade. Você pode não voltar de lá com os Dez Mandamentos, porém pode descobrir um impulso ou uma necessidade imperiosa que redirecione sua vida no futuro ou pelo menos o faça descobrir para onde vai e para onde deseja ir.

A JORNADA NA MONTANHA
25 minutos

— Seqüência de relaxamento (página 28).

— Quando estiver pronto, imagine que está num campo, ao pé de uma montanha. Permaneça no campo por um tempo, formando um quadro mental de tudo o que vê à sua volta. Sinta o solo sob os seus pés e o vento contra o seu rosto. Esteja realmente nesse campo.

— Pausa.

— Que época do ano é essa? Como está o clima? O que você pode ver?

— Pausa.

— Quando estiver preparado, volte sua atenção para a montanha. Encontre o início do caminho que o levará ao topo, e devagar comece a escalá-la.

— Pausa.

— Não se apresse; avance vagarosa e firmemente pelo caminho da montanha. Aprecie a caminhada. Como é o terreno? É uma subida suave ou íngreme?

— Pausa.

— Respire livremente. O ar da montanha é puro e lhe traz energia fresca, limpando todo o seu ser.

— Por algum tempo continue a subir pelo caminho da montanha.

Aceite qualquer experiência que lhe aconteça. Aceite qualquer pensamento ou sentimento que aflore. Aprecie essa caminhada tranqüila.

— Pausa.

— Agora, você está a meio-caminho do topo da montanha, onde descobre uma fonte de água fresca e um pequeno lago entre as rochas. Toque a água e respingue algumas gotas em seu rosto. Sinta como é fria e suave essa água. Você pode beber um pouco, se quiser.

— Pausa.

— Deixe as águas do lago serenarem. Então, olhe-se nele. Veja o seu reflexo. Observe cuidadosamente o que vê.

— Pausa.

— Quando estiver pronto e revigorado, continue sua jornada pelo caminho da montanha.

— Pausa.

— Que tal lhe parece o terreno agora? Está se modificando à medida que chega perto do topo?

— Pausa.

— Continue a subida até que finalmente você atinge o pico.

— Pausa.

— Encontre para se sentar ou ficar um lugar de onde você possa observar o panorama lá embaixo. Que bela vista seus olhos encontram.

— Pausa.

— Na vida, há uma montanha a escalar. A visão que você tem lá do cume é uma visão do panorama da sua vida e de todas as suas experiências, dispostas agora à sua frente.

— Pausa.

— Comece a meditar sobre o panorama da sua vida. Imagine que você fecha os olhos na montanha e começa a meditar. Deixe que os pensamentos e sentimentos sobre a sua vida aflorem em você. Aceite tudo o que vier à tona.

— Pausa (mais longa).

— Há algo na sua vida que você precisa mudar?

— Pausa.

— Há algo que você gostaria de conseguir no futuro?

— Pausa.

— Existe algo no seu passado que o está impedindo de se desenvolver?

— Pausa.

— Quando você tiver meditado sobre esses aspectos da sua vida e sobre as mudanças — se houver — que gostaria de fazer, você concluirá esse momento calmo no topo da montanha. Mas antes de começar a descida, aprecie um pouco mais o lugar onde está.

— Pausa.

— Então, quando estiver pronto, comece a caminhar, descendo de volta pela trilha da montanha, andando devagar e cuidadosamente.

— Pausa.

— Finalmente, você chega de novo à fonte e ao lago entre as pedras. Olhe outra vez para a água e imagine que vê ali um símbolo ou figura que representa aquilo que você precisa na vida. Aceite o que quer que você veja. Deixe que a imagem fique mais clara e mais real. Ela representa o que você precisa para alcançar suas futuras metas na vida. Se não conseguir visualizar um símbolo ou imagem, tente captar um pensamento especial que indique o que você precisa na sua vida. Simplesmente, lembre-se dessa imagem ou desse pensamento.

— Pausa.

— Continue descendo a montanha.

— Pausa.

— Você, finalmente, chega ao lugar de onde partiu. Olhe ao redor... olhe lá atrás o caminho, que você percorreu...

— Pausa.

— Volte a atenção para a sua respiração... Respire um pouco mais profundamente que o normal... Torne-se mais consciente de seu corpo e do ambiente à sua volta. E quando estiver pronto, abra os olhos.

— Pausa.

— Enquanto permanece completamente relaxado, e antes de voltar às suas atividades diárias, passe algum tempo repassando a experiência de sua Jornada na Montanha. Em particular, recorde o símbolo, a imagem ou o pensamento que representa o que você precisa para alcançar a sua meta no futuro.

— Pausa.

— Você pode fazer a Jornada na Montanha outra vez, sempre que desejar.

Orientação interior

Meditar é ouvir a si mesmo. Não existem normas ou regras, exceto que ela deve servir para você se sentir bem; se não for assim, não a faça. Descobrir se algo o faz se sentir bem ou não é, em parte, uma questão de intuição, de seguir seu próprio bom senso e de estar em contato com sua sabedoria natural. Estar em contato com essa fonte dará a você força e confiança psicológicas.

Na próxima meditação, você irá personificar esse aspecto de si mesmo e eu lhe pedirei para visualizar um sábio que incorpore as suas intuições e sabedoria e que tenha no coração o seu melhor propósito. O sábio, o guia ou mestre (ou mesmo guru) é uma imagem ou um símbolo importante que muitas pessoas buscam em sua vida exterior. O sacerdote, o místico e o guru cumprem esse papel e aceitam a projeção, neles, do inconsciente do indivíduo. Mas meditação significa que você não tem necessidade de buscar um mestre num nível externo. Algumas pessoas viajam grandes distâncias para encontrar respostas às questões mais profundas da vida somente para serem orientadas por seus mestres a procurar dentro delas mesmas a iluminação.

A próxima meditação irá colocar você em contato com uma forma de guia que não depende de fatores externos ou daquilo que os outros lhe dizem que você deve ou não fazer, e em quem você deve ou não acreditar. Primeiro, faça a meditação e então leia a seção seguinte, em que eu falo mais sobre a importância de direcionar sua atenção para dentro, de descobrir o que você necessita para revelar novas dimensões da vida.

Antes de iniciar a meditação, simplesmente pare por um momento e escolha uma ou duas perguntas que gostaria de fazer a uma pessoa onisciente, sábia — perguntas que sejam relevantes para a sua vida neste momento.

O SÁBIO
20 minutos

— Seqüência de relaxamento (página 28).

— Meditação "O Jardim Interior" (página 45).

— Imagine que você está no jardim e tem vontade de ir ao lugar especial que já encontrou antes. À medida que se aproxima desse lugar, você vê que ali já existe alguém esperando por você. Você percebe que se trata de uma pessoa muito sábia, alguém que sabe muito sobre você e que vem para guiá-lo e assisti-lo.

— Pausa.

— Deixe a imagem do sábio ficar mais nítida para que você possa ver como ela é. Aceite o que quer que lhe aconteça.

— Pausa.

— O que o sábio está usando? Que idade ele tem? Como ele se comporta com relação a você? Como você se sente diante dele?

— Pausa.

— Aproxime-se do sábio e cumprimente-o. Ele tem algo a lhe dizer?

— Pausa.

— Passem algum tempo conhecendo-se um ao outro. Você pode perguntar qual é o seu nome. Pergunte-lhe de onde vem.

— Pausa.

— Pergunte ao sábio o que você quiser e deixe que as respostas cheguem até você.

— Pausa.

— Há mais alguma coisa que gostaria de perguntar ou conversar?

— Pausa.

— Peça ao sábio para lhe dar um presente que o ajude a ficar em contato com a sua sabedoria interior. Aceite o que ele lhe der e peça a ele para explicar o significado do presente e como você poderá usá-lo.

— Pausa.

— Agradeça-lhe por estar com você e deixe que a imagem do sábio se desvaneça, até você ficar sozinho outra vez no jardim.

— Pausa.

— Reflita sobre a experiência que acabou de ter.

— Pausa.

— Quando estiver pronto, deixe que a imagem do jardim se desvaneça também, e volte sua atenção para a respiração, para o seu corpo e para o ambiente à sua volta. Então, abra os olhos.

Quando nos tornamos adultos, muito da experiência da infância é perdida. Começamos a vida cheios de imaginação e, mais tarde, de fantasias e sonhos sobre como a vida deveria ser e como achamos que ela será no futuro. Temos sonhos, talvez, de ficar ricos ou famosos — ou ambos! Raramente esses sonhos se tornam realidade. Para a maioria de nós, em algum momento nossas ilusões são despedaçadas ou parecem ficar impossíveis, à medida que as exigências e os rigores da vida diária se impõem.

Durante esse processo de crescimento, nossa personalidade vai amadurecendo. Nossa atenção é quase totalmente voltada para o mundo exterior, de onde recebemos impressões e dados sobre a natureza da realidade. Esse processo começa muito cedo na vida; os pais, depois os professores, depois as experiências profissionais e a constituição da nossa própria família, tudo faz parte do crescimento.

Durante esse período, desenvolve-se um eixo que une o nosso eu, as nossas personalidades egóicas e a consciência de nós mesmos ao mundo exterior.

O indivíduo é, porém, parte de um todo interior muito maior que inclui tanto o eu inconsciente como o ego consciente.

O inconsciente é um reservatório de informações: de algumas nós podemos nos lembrar, enquanto que com outras não é fácil entrar em contato. O inconsciente é composto de todas as coisas que já aprendemos e experimentamos. Somos levados, geralmente sem saber disso, por esses impulsos e padrões de comportamento que formamos ao longo dos anos. Maneiras de ser, pensamentos e reações que nos parecem naturais são constituídos a partir da nossa experiência de vida. O inconsciente é como um outro eu, um eu interior que tem um grande papel a desempenhar na nossa estrutura psicológica.

Enquanto estivermos mantendo nossa consciência e atenção ao longo do eixo entre "eu individual" e "mundo exterior", o eu interior do inconsciente está sendo ignorado. Se as suas necessidades não forem satisfeitas, ele acabará se manifestando negativamente.

O inconsciente é a nossa fonte de vida. Todos os nossos pensamentos, sentimentos e idéias, nossa vontade e energia consciente derivam dele e são sustentados por ele. Portanto, quando o inconsciente começa a atuar de modo negativo, o resultado, no seu extremo, é que a nossa vida simplesmente se desintegra. Os relacionamentos são problemáticos, acontecem acidentes, nossa carreira fica estagnada, nosso nível de energia diminui e até a nossa saúde pode ser afetada. O inconsciente está exigindo atenção. Isso pode acontecer a qualquer momento, porém geralmente é caracterizado pela crise da meia-idade, quando nosso eu interior não agüenta mais ser deixado de lado, ignorado ou maltratado, enquanto vivemos a vida somente em torno do eixo "mundo individual/mundo exterior". Chega o momento em que precisamos voltar nossa atenção para um novo eixo, que nos conduz da consciência egóica para o mundo interior do inconsciente.

EU INTERIOR
"O INCONSCIENTE" ←——— EIXO ———→ CONSCIÊNCIA
EGÓICA INDIVIDUAL

Uma forma de mudar para esse novo eixo é praticar a meditação. Voltando sua atenção para dentro, você pode começar a ouvir a voz da sabedoria interior e da intuição. Pouco a pouco, você irá reencontrar esses sonhos, ideais e aspirações perdidos. Para dar novo ânimo à sua vida, você pode então começar a resgatá-los e a expressá-los. Você se surpreenderá.

Em *The Middle Passage*, James Hollis descreve esse processo da seguinte maneira:

> "Na primeira identidade, a infância, o eixo operante é a relação pai-filho. Na primeira fase da idade adulta, esse eixo se estende entre o ego e o mundo. O ego, o ser consciente, se esforça para se projetar no mundo e criar um mundo dentro do mundo. A dependência infantil foi introjetada no inconsciente e/ou projetada em vários papéis, e a pessoa é orientada principalmente para o mundo exterior. Na segunda fase da idade adulta... o eixo liga o ego ao Eu superior. É natural para a consciência assumir que sabe tudo e que é ela quem está dirigindo o *show*.

> Quando sua hegemonia é derrotada, o ego rebaixado começa então seu diálogo com o Eu superior.

E novamente:

> ...a pessoa só precisa de coragem e de disciplina diária para "se ouvir"... Quando conseguimos internalizar nosso diálogo ao mesmo tempo que mantemos nosso contato com o mundo exterior, percebemos então esse vínculo com o mundo da alma que os mitos e religiões nos proporcionavam.

Não estou sugerindo que você deva se retirar do mundo exterior, como de fato James Hollis sugere na passagem acima. O eixo "mundo individual/mundo exterior" ainda tem um papel a desempenhar, porém não em detrimento ou em substituição do eixo "eu interior/eu individual". Você descobrirá que, mudando a ênfase para esse novo eixo, em vez de se retirar da vida, acontecerá o oposto. Você então recobrará novo ânimo e descobrirá novas paixões e talentos. A vida ficará cheia de sentido e de significado. Sua saúde, energia e bem-estar aumentarão à medida que sua vida se torna plena e satisfatória. Até sua razão de viver pode mudar. Em lugar de desempenhar suas atividades diárias por questões práticas e de sobrevivência, você as cumprirá simplesmente pelo prazer de viver e pela consciência das novas dimensões da vida, descobertas primeiro dentro de si mesmo e, depois, no mundo exterior também. A mudança de um eixo externo para um interno pode representar um desenvolvimento espiritual, ou até mesmo uma experiência de iluminação.

Se você conhece os efeitos de um eu interior rebelde, uma parte não vivida de si mesmo que está procurando ser ouvida, se você tem constantes problemas de relacionamento/trabalho/saúde/carreira/dinheiro/família, sente-se desvitalizado e sem motivação na vida, volte-se para o seu interior e descubra a vida que está perdendo. A meditação "O Sábio" é a chave para essa descoberta.

Como interpretar os símbolos

Nas meditações em que lhe pedi para usar sua imaginação e visualizar certas imagens — um jardim, uma montanha, e assim por diante — você fez uma "meditação orientada" e entrou no campo dos símbolos, que estão todos impregnados de significado e de futuras possibilidades.

O inconsciente se comunica por meio de pensamentos, de sentimentos e de imagens, que são simbólicos por natureza. Quando você fizer uma meditação orientada, as imagens que lhe chegarem serão como sonhos. A única diferença é que você pode direcioná-las para atingir um objetivo em particular, ou ter uma meta especial em mente à medida que você se dedica a uma dessas meditações. Depois de montar o cenário, deixe que o seu inconsciente faça todo o trabalho e aceite o que quer que possa se apresentar a você.

Quando tiver terminado a meditação orientada, você naturalmente irá querer descobrir o que representam os símbolos. O processo é semelhante à interpretação de sonhos. No primeiro exemplo, é melhor não se apressar em tirar conclusões, mas deixar que seu significado se revele naturalmente. Coincidências e experiências da vida diária tenderão a sincronizar-se de alguma maneira com suas meditações, ajudando a aumentar suas introvisões e seu entendimento. Esse deve ser um processo natural.

Você pode usar um *dicionário de símbolos*, que descreva o significado tradicional e arquetípico dos símbolos. Por exemplo, a cobra, ou a serpente, é um símbolo de sabedoria; cada pássaro ou animal tem seu próprio significado simbólico. Um dicionário desse tipo pode ajudá-lo a ampliar o significado de suas experiências de meditação orientada, porém, cuidado! Primeiro: você pode se dar conta de que, não importa quão abrangente seja o dicionário, seu inconsciente irá quase sempre criar um símbolo que não conste entre os verbetes do livro. Segundo, e mais importante: o dicionário só trará um significado particular e arquetípico, tal como serpente = sabedoria. Ele não dirá o que uma determinada imagem pode significar para você e isso é tão importante quanto a sua interpretação. Para uma pessoa a serpente pode simbolizar sabedoria; para outra, pode representar medo ou algo em que não se possa confiar de maneira alguma.

Convém manter um diário com registros das suas experiências de meditação (ver página 193). A lembrança dos símbolos pode se desvanecer muito rapidamente — de novo há uma semelhança com os sonhos —, e é possível que você só veja a importância de uma meditação um bom tempo depois. Além do mais, você estará interessado em acompanhar o seu desenvolvimento nas meditações depois de um período de tempo. À medida que anota essas experiências, você poderá começar a fazer associações, ampliando seu significado e descobrindo até que ponto elas são importantes para você.

Vou encerrar este capítulo com outra meditação orientada, chamada "O Templo Interior". Você irá encontrar três portas: "Passado", "Presente" e "Futuro". Você terá oportunidade de abrir uma porta de cada vez.

Essa é uma extensão da idéia que há por trás da meditação "Jornada na Montanha". Ela o ajudará a ver o que o levou às atuais circunstâncias e aonde elas podem levá-lo no futuro. Não se esqueça de que, se lhe ocorreram agora algumas perguntas, você provavelmente encontrará as respostas no Capítulo 10.

O TEMPLO INTERIOR — PASSADO, PRESENTE E FUTURO
25 minutos

— Seqüência de relaxamento (página 28).

— Imagine que você está dentro de um templo ou de algum tipo de edifício sagrado — nenhum que você conheça de fato, mas um que exista dentro de você, na sua imaginação. Visualize a si próprio no templo. Esteja lá realmente — sinta o chão sob os seus pés e ande por ali, tocando tudo o que vir.

— Pausa.

— Sinta a atmosfera especial de paz que existe ali.

— Pausa.

— Há bancos no templo e um ponto central ou altar, onde são celebradas as cerimônias. Passe algum tempo olhando ao redor e absorvendo a atmosfera.

— Pausa.

— É um templo antigo ou moderno? Há indícios de que é usado regularmente ou não?

— Pausa.

— Vá ao ponto central ou altar. Atrás dele você encontrará três portas. Aproxime-se e poste-se defronte de uma delas.

— Pausa.

— Na porta à sua esquerda está escrito "Passado". Imagine que você abre essa porta e olha através dela. O que pode ver?

— Pausa.

— Se desejar, pode atravessar a porta e explorar, ou simplesmente ficar onde está, observando o que vê e o que se revela diante de você.

— Pausa.

— Quando estiver pronto, feche a porta e fique diante da próxima porta à direita da primeira. Nessa está escrito "Presente". Abra essa porta e olhe por ela. O que pode ver?

— Pausa.

— Se desejar, pode atravessar a porta e explorar, ou simplesmente permanecer onde está, observando o que puder ver e aquilo que se revela diante de você.

— Pausa.

— Quando estiver pronto, feche a porta e fique diante da próxima porta, à direita da segunda. Nessa está escrito "Futuro". Abra essa porta e olhe por ela. O que pode ver?

— Pausa.

— Se quiser, pode atravessar a porta e explorar, ou simplesmente ficar onde está, observando o que puder ver e o que se apresenta diante de você.

— Pausa.

— Quando estiver pronto, fique outra vez em frente às três portas. Elas agora estão fechadas diante de você. Volte à nave principal do templo e imagine que se ajoelha ou se senta em frente ao altar ou ponto central.

— Pausa.

— Contemple as experiências pelas quais acabou de passar. Repasse-as e medite sobre elas.

— Pausa.

— Você pode voltar a esse lugar em qualquer momento que desejar, no futuro — talvez você encontre um guia ou um sábio aqui, que irá ajudá-lo, explicando-lhe o significado do templo e de suas portas, e mostrando a você o que fazer.

— Pausa.

— Por ora, deixe a imagem do templo se desvanecer e volte a atenção para a sua respiração. Respire um pouco mais profundamente que o normal. Torne-se consciente do seu corpo e do lugar em que estiver meditando. Quando se sentir pronto, abra os olhos, mantendo-se completamente relaxado.

Agora que já foram apresentadas as informações básicas sobre meditação e algumas possibilidades para exploração posterior, podemos tratar de algumas aplicações específicas. No Capítulo 3 apresentarei algumas meditações com cores, e descreverei suas associações com os "chakras" ou centros de consciência do corpo.

3

Meditação com as cores

Costumamos achar que o centro da nossa consciência está na cabeça, onde se processa o pensamento; porém existem outros centros de consciência ao longo do corpo. Por exemplo, as emoções tendem a fluir da área que fica entre o peito e o baixo-ventre. Ao longo da História, diferentes órgãos têm sido considerados como a morada da nossa consciência; entre os mais citados estão o coração e o fígado.

Os impulsos sexuais provêm da parte inferior do corpo e, embora não seja tão fácil perceber, o centro a partir do qual a nossa vontade ou desejo se manifesta também está localizado nessa área. É mais difícil descrevê-lo como um centro de consciência porque a fonte da nossa vontade é, em grande parte, inconsciente. Entretanto, a vontade se irradia da parte inferior do corpo, e isso pode ser constatado se a associarmos ao desejo sexual. Os impulsos e os instintos sexuais são uma grande força propulsora da vida, e a energia que deriva deles pode ser direcionada para quase toda a atividade humana. Os centros do pensamento, do sentimento e do desejo estão respectivamente associados com as partes superior, média e inferior do corpo.

Se você ler sobre a "antroposofia" do filósofo Rudolf Steiner, reconhecerá essa divisão tríplice das nossas naturezas, pois ele colocou grande ênfase nesse assunto na tentativa de explicar a sutil anatomia do ser humano.

Outra forma de descrever essa sutil anatomia do centro da consciência é por meio da teoria dos *chakras*, expressão que vem de uma antiga língua oriental, o sânscrito. Essa teoria pode ser vista como uma extensão da idéia de classificar o corpo por partes. Os chakras parecem ser os centros de diferentes tipos de consciência ou de percepção. Em vez de três centros de consciência, são descritos em geral sete chakras, cada um representando uma forma diferente em que nós nos consideramos.

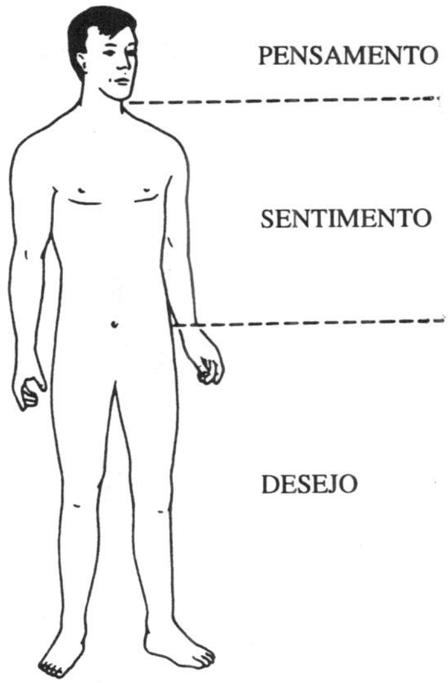

Os centros do nosso pensamento, sentimento e desejo estão associados com as partes superior, média e inferior do corpo, respectivamente.

Pode-se encontrar mais informações sobre os chakras nos antigos textos hindus chamados *Os Upanishads*,[1] que indicam a localização de cada um deles e apresentam suas descrições simbólicas. Figuras, imagens, animais, pássaros, deuses e deusas são usados para descrever essas qualidades e propriedades tanto no âmbito intelectual quanto no simbólico. Isso nos dá uma idéia melhor do que seriam os chakras. As descrições que seguem incluem algumas das associações ou *correspondências* (ver página 194) feitas com os chakras para ampliar seu significado e importância.

As correspondências com os chakras incluem *cores* diferentes. As correspondências indicadas nos parágrafos seguintes não aparecem nos textos hindus originais; provavelmente, foram acrescentadas depois que a teoria dos chakras se propagou no Ocidente. Se você quiser aprender sobre os

1. *Os Upanishads*, publicado pela Editora Pensamento, São Paulo, 1987.

chakras, uma excelente introdução é o livro de Naomi Ozaniec, em *The Elements of the Chakras.**

Para os nossos propósitos, usarei nas meditações a associação dos sete chakras com as sete cores do arco-íris.

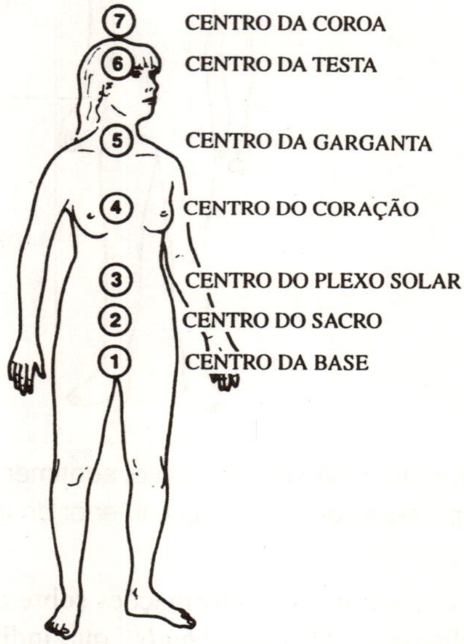

Os sete chakras representam sete diferentes centros de consciência.

Nós reagimos instantaneamente às cores. Gostamos de algumas em particular, bem como de suas nuanças e combinações, e não apreciamos outras. Nossa reação às cores também se baseia em um fator psicológico: os tons avermelhados do espectro tendem a ser estimulantes, enquanto os tons azulados são calmantes. Cada cor tem um significado simbólico dife-

---

* *O Livro Básico dos Chakras*, publicado pela Editora Pensamento, São Paulo, 1994.

rente. O vermelho, por exemplo, de acordo com as circunstâncias, pode representar amor ou raiva; o verde pode representar vida nova; o amarelo é a cor do intelecto, e assim por diante. Meditar sobre uma cor em especial pode criar também um efeito especial, e se conhecermos os significados associados a cada cor, podemos usá-las na meditação para alcançar uma consciência maior de um dado aspecto do nosso ser — um determinado chakra ou centro de consciência. (As propriedades terapêuticas das várias cores são descritas no capítulo referente à cura: ver página 93.)

Os chakras são particularmente úteis para ampliar as correspondências que são feitas com cada cor. Você pode fazer todas as seguintes meditações com cores ou selecionar uma ou duas às quais você se sinta instintivamente atraído. Os números que aparecem depois do nome de cada chakra referem-se à sua posição no diagrama dos chakras.

O Centro da Base (1)

O chakra da base, ou *muladhara* (derivado da palavra sânscrita *mula*, que significa raiz, e *adhara*, que significa base ou apoio), está localizado na base da coluna, entre o ânus e os órgãos genitais. Sua função está associada com a nossa ligação com a terra, com o instinto de sobrevivência e com a estabilidade. Ele está associado com o sentido do olfato, com as glândulas supra-renais e com as pernas, os pés, os ossos e o intestino grosso. Também está associado ao elemento Terra, que é o elemento da estabilidade e da segurança. Os animais que simbolizam o centro da base são o touro, o elefante e o boi.

Esse centro representa nossos instintos e impulsos básicos. As glândulas supra-renais associadas a ele são responsáveis pela reação conhecida como "lutar ou fugir", que ocorre diante de um confronto ou perigo, por meio da produção de adrenalina.

A cor associada com o chakra da base é o *vermelho*, a cor da energia em estado bruto, do instinto, do sexo e da energia vital. Essa cor pode elevar a pressão sangüínea e aumentar os níveis de adrenalina. O vermelho, como já foi mencionado, pode representar os extremos da ira e do amor violentos. É uma cor para se usar em meditação se você quiser liberar ou cultivar alguma dessas qualidades em si mesmo.

Você pode achar que as associações que eu sugeri para cada cor não parecem funcionar para você. Nesse caso, você deve fazer as meditações com um espírito receptivo; o importante é o que você sente. Suas associações e experiências num nível pessoal são mais importantes que as correspondências tradicionais que lhe fornecem um mapa, porém não um país.

Alguns significados atribuídos ao vermelho:

- vermelho-escuro: paixão, amor
- marrom avermelhado: sensualidade
- vermelho vivo: desejo

A COR VERMELHA
20 minutos

— Seqüência de relaxamento (página 28).

— Veja com os olhos da mente uma flor vermelha flutuando num recipiente com água.

— Pausa.

— Olhe para a flor e tome-a em suas mãos.

— Pausa.

— Examine cuidadosamente os diferentes formatos das pétalas.

— Pausa.

— Observe todas as diferentes tonalidades de vermelho das pétalas.

— Pausa.

— Procure sentir o aroma da flor. Imagine-se cheirando-a.

— Pausa.

— Coloque a flor de volta no recipiente com água e medite outra vez sobre a sua cor.

— Pausa.

— Deixe que a cor se torne mais vibrante, até que você possa sentir suas vibrações em cada parte do seu corpo.

— Pausa.

— Imagine que você está respirando a cor vermelha.

— Pausa.

— Inunde-se com a cor e sinta como ela o aquece e anima.

— Pausa.

— Dirija a cor para o seu chakra da base.

— Pausa.

— Deixe que aflore qualquer pensamento, sentimento ou sensação, em resposta à cor vermelha. Deixe que eles venham e se tornem mais nítidos. Observe-os e sinta o efeito que eles têm sobre você.

— Pausa.

— Deixe que a cor vá perdendo intensidade, até vê-la na sua frente outra vez no recipiente com água, no qual flutua a flor.

— Pausa.

— Reflita sobre a experiência que acabou de ter.

— Pausa.

— Respire de modo um pouco mais profundo e tome consciência do seu corpo e do lugar em que está meditando.

— Pausa.

— Permaneça completamente relaxado e abra os olhos.

O Centro do Sacro (2)

O chakra do sacro, ou *svadisthana*, está posicionado próximo ao centro da base e no interior do abdômen, entre os órgãos genitais e o umbigo. Sua função está relacionada com o prazer, com a sexualidade e com a procriação. Ele também está associado com a purificação do corpo por meio dos processos excretórios. Supõe-se que o seu nome, originário do sânscrito, significa "a própria morada", ou "docilidade", embora haja alguma polêmica em torno disso. Esse chakra é associado com o útero, com os rins, com o sistema reprodutor e circulatório e com a vesícula biliar. Também é relacionado com o sentido do paladar e com as glândulas dos ovários e testículos. Seu elemento é a Água, que é o elemento dos sentimentos e dos instintos emocionais. Os animais que simbolizam esse centro são todas as criaturas que vivem no mar.

O chakra do sacro é a morada do impulso criativo, especialmente no sentido sexual — o que, na introdução deste capítulo, descrevi como desejo. A cor associada a esse centro é o *laranja*; uma cor de alegria e felicidade, que é um antídoto para a apatia, a indolência e a depressão. O laranja reforçará sua vontade e a confiança em si mesmo, embora em excesso possa surtir o efeito oposto. Ele proporciona liberdade de pensamentos e sentimentos; portanto, na meditação, é uma boa cor para abrir o mundo interior e permitir que o inconsciente crie livremente imagens e experiências que representem a fonte da criatividade.

Algumas associações da cor laranja são:

• laranja-claro e brilhante: saúde e vitalidade
• laranja-escuro: orgulho
• laranja-fosco (tijolo): pensamento embotado

A COR LARANJA
20 minutos

— Seqüência de relaxamento (página 28).

— Imagine que você está segurando uma fruta de cor laranja (use uma real, se preferir).

— Pausa.

— Examine a textura da casca e preste atenção na sua textura.

— Pausa.

— Descasque a fruta e examine de novo a sua textura e as diferentes tonalidades de laranja que ela contém.

— Pausa.

— Comece a comer a fruta e sinta o sabor na sua língua.

— Pausa.

— Medite sobre a cor laranja.

— Pausa.

— Deixe que a cor fique mais viva, até que você possa sentir suas vibrações em cada parte do seu corpo.

— Pausa.

— Imagine que você está respirando a cor laranja.

— Pausa.

— Inunde-se com a cor e sinta como ela lhe proporciona prazer.

— Pausa.

— Dirija a cor para o seu chakra do sacro.

— Pausa.

— Deixe que qualquer pensamento, sentimento ou sensação aflore em resposta à cor laranja. Deixe que eles venham e se tornem mais nítidos. Observe-os e sinta o efeito que eles têm sobre você.

— Pausa.

— Deixe que a cor vá diminuindo de intensidade até visualizar a fruta outra vez, inteira, com a casca ainda intacta.

— Pausa.

— Reflita sobre a experiência que acabou de ter.

— Pausa.

— Respire de modo um pouco mais profundo e torne-se consciente do seu corpo e do lugar em que está meditando.

— Pausa.

— Permaneça completamente relaxado e abra os olhos.

O Centro do Plexo Solar (3)

O chakra do plexo solar, ou *manipura*, está localizado na coluna vertebral, no nível do plexo solar. Seu nome em sânscrito significa "cidade das jóias" ou "gema brilhante". Seu elemento é o Fogo, que é o elemento da intuição e da imaginação. Esse centro está associado ao desejo e ao poder, que advém da emoção intensa, "ardente". É associado com o sistema digestivo, com o fígado e com o baço. A glândula a ela associada é o baço, o sentido é a visão. O carneiro é o animal que simboliza o chakra do plexo solar. As pessoas que sofrem de preguiça, lentidão, depressão ou problemas digestivos devem se concentrar nesse centro, sentindo o calor e a energia que irradiam dele.

A cor associada com esse centro é o *amarelo*, a cor do intelecto e do pensamento — o amarelo estimula a atividade mental, proporciona lucidez e nos livra das idéias, sentimentos e hábitos obsessivos. O amarelo é também a cor do sol e do dia; ele estimula o prazer em si mesmo e aumenta a autoconsciência.

Alguns significados atribuídos ao amarelo:

- amarelo-dourado: lucidez e percepção, consciência expandida
- amarelo pálido: propósito inabalável e força interior, agilidade mental, visão
- amarelo-fosco: falso otimismo

A COR AMARELA
20 minutos

— Seqüência de relaxamento (página 28).

— Imagine que você está deitado numa areia amarelo-dourada, tomando banho de sol.

— Pausa.

— Sinta todo o seu corpo aquecido e bem à vontade, enquanto absorve os raios de sol.

— Pausa.

— Volte sua atenção para a areia. Pegue um punhado e deixe-a escorregar por entre os dedos. Observe a areia que cai da sua mão. Perceba bem cada detalhe.

— Pausa.

— Olhe cuidadosamente para os grãos de areia.

— Pausa.

— Veja-os em diferentes nuanças de amarelo. Deixe os cristais refletirem o amarelo dos raios de sol.

— Pausa.

— Medite sobre a cor amarela.

— Pausa.

— Deixe que a cor se torne mais vibrante, até que você possa sentir suas vibrações em cada parte do seu corpo.

— Pausa.

— Imagine que você está respirando a cor amarela.

— Pausa.

— Inunde-se com a cor e sinta que ela cria em você uma grande lucidez e amplia a sua consciência, tornando-o forte e confiante.

— Pausa.

— Dirija a cor para o seu chakra do plexo solar. Deixe que qualquer pensamento, sentimento ou sensação aflore em resposta à cor amarela. Deixe que eles venham e se tornem mais nítidos. Observe-os e perceba o efeito que eles fazem sobre você.

— Pausa.

— Deixe que a cor vá diminuindo de intensidade até você voltar ao banho de sol.

— Pausa.

— Reflita sobre a experiência que acabou de ter.

— Pausa.

— Respire de modo um pouco mais profundo e torne-se consciente do seu corpo e do lugar em que está meditando.

— Pausa.

— Permaneça completamente relaxado e abra os olhos.

O Centro do Coração (4)

O chakra do coração, ou *anahata*, tem sua base entre a quarta e a quinta vértebra, no nível do peito. Seu nome em sânscrito significa "não vencido" ou "invicto". Essa é uma alusão a um som que não tem princípio ou origem, que não emana de nenhuma nota entoada, e significa o primeiro centro de consciência a trazer uma noção de infinito e de absoluto. Ele marca o ponto central, ou o ponto de encontro entre os chakras inferiores, que representam o mundo físico, e os chakras superiores do espírito e da percepção consciente. O elemento do centro do coração é o Ar, o elemento da mente racional; ele está relacionado com a função e experiência do amor. Está associado com os pulmões, com o coração, com os braços e mãos e com o timo. O sentido ligado a esse chakra é o tato, e ele é representado pelos pássaros, o pombo, em especial, o antílope.

Nesse centro, a consciência e a experiência a serem despertadas são aquelas de amor e de compaixão. Isso não apenas significa amor em nossos relacionamentos pessoais, mas um amor mais abrangente, que abarque todas as coisas e a própria vida. Esse amor desperta a compaixão, que significa sensibilidade para com as dificuldades das outras pessoas e até mesmo uma experiência solidária.

Compaixão significa sentir pelos outros e apoiá-los. Da experiência solidária da compaixão vem a capacidade de curar, e a cura vem por intermédio do centro do coração. Não é coincidência que o sentido do tato seja associado a esse chakra, pois é através do toque que a nossa capacidade de curar os outros, com o despertar do chakra do coração, pode se projetar no mundo exterior.

A ativação desse chakra aumenta a sensibilidade do tato, de forma que podemos detectar os campos de energia de outra pessoa e os desequilíbrios que causam doenças nos corpos sutil e físico. A capacidade de curar é o resultado do despertar da compaixão e da capacidade de amar, que são obtidos, por sua vez, com o centro do coração.

A cor associada com esse centro é o *verde*, a cor da natureza e da vida nova. Essa cor e o chakra do coração estão associados com a harmonia e com o equilíbrio e, de fato, como foi explicado acima, esse centro é o ponto de equilíbrio entre os chakras superiores e inferiores.

Equilíbrio significa uma relação correta entre as funções que poderiam, de outro modo, opor-se ou neutralizar uma à outra. Isso pode se aplicar a muitas coisas — relacionamentos com outras pessoas, entre o eu consciente e o inconsciente, entre o nosso eu interior e o mundo exterior. Para ser saudável, esses aspectos devem ser corretamente equilibrados, numa relação harmoniosa que os torne íntegros ou saudáveis.

Alguns significados atribuídos ao verde são:

- verde pálido: prosperidade e sucesso
- verde-médio: adaptabilidade e versatilidade
- verde-claro: simpatia
- verde-escuro ou opaco: falácia ou auto-ilusão

A COR VERDE
20 minutos

— Seqüência de relaxamento (página 28).

— Imagine que é um dia quente de verão e que você está caminhando descalço por um campo gramado.

— Pausa.

— Você sente a grama fria e refrescante debaixo da sola dos pés. Concentre-se nessa sensação.

— Pausa.

— Agora, olhe a grama bem de perto e observe sua textura e os diferentes matizes de verde que podem ser encontrados numa simples folha.

— Pausa.

— Medite sobre a cor verde.

— Pausa.

— Levante-se e imagine que você está meditando sobre a sensação da grama debaixo dos pés. Então, comece a absorver as vibrações da cor verde pelos pés e imagine-a subindo pelo seu corpo.

— Pausa.

— Deixe que a cor se torne mais vibrante, até que você possa sentir suas vibrações em cada parte do corpo.

— Pausa.

— Dirija a cor para o chakra do coração.

— Pausa.

— Deixe que qualquer pensamento, sentimento ou sensação aflore em resposta à cor verde. Deixe que eles venham e se tornem mais nítidos. Observe-os e sinta o efeito que eles têm sobre você.

— Pausa.

— Deixe que a cor vá diminuindo de intensidade até você sentir outra vez a grama sob os pés.

— Pausa.

— Reflita sobre a experiência que acabou de ter.

— Pausa.

— Respire de modo uma pouco mais profundo e torne-se consciente do seu corpo e do lugar em que está meditando.

— Pausa.

— Permaneça completamente relaxado e abra os olhos.

O Centro da Garganta (5)

O centro da garganta, ou *vishudda*, está localizado na própria garganta. Seu nome em sânscrito significa "purificar" e sua função está ligada à comunicação e à criatividade resultantes do despertar da intuição, um estado de conhecimento interior. O chakra da garganta é associado ao pescoço e aos ombros, bem como às glândulas tireóide e paratireóide; também está ligado ao sentido da audição.

Quando trabalha com esse centro da consciência, você ativa a capacidade de fazer parte do processo da criação. É a essa capacidade que se refere o artista quando diz que é um canal, e não o criador da sua obra. O dom da fala está ligado a esse centro, e seu sentido receptivo é a audição. Não se trata apenas do sentido físico da audição, mas da capacidade de ouvir a sua voz interior, de receber impressões audíveis, exatamente da mesma forma que as imagens interiores ou visualizações podem ser criadas ou canalizadas através do inconsciente.

A capacidade de canalizar impulsos criativos, seja música, prosa, poesia ou qualquer outra forma de criação, desperta com a ativação desse centro, que também estimula o dom da profecia, a capacidade de perceber a relação entre passado, presente e futuro.

A cor associada a esse centro é o *azul*, a cor da paz e da tranqüilidade. Ela está associada com proteção e também com o infinito e o absoluto. O azul é a cor do mestre dos segredos da vida, e por isso é associado ao poder desse centro de revelar o passado, o presente e o futuro pelo desenvolvimento da intuição ou da "orientação interior".

Algumas associações feitas com a cor azul:

- azul-claro: inspiração e sentimentos religiosos
- azul pálido: devoção e inspiração
- azul brilhante: criatividade artística, intuição

A COR AZUL
20 minutos

— Seqüência de relaxamento (página 28).

— Imagine um dia claro, com um céu azul brilhante.

— Pausa.

— Olhe para o céu e contemple sua profundeza.

— Pausa.

— Imagine que o céu azul começa a envolvê-lo, tornando-se um belo e suntuoso manto.

— Pausa.

— Que sensação traz esse manto azul? Medite sobre a cor azul.

— Pausa.

— Deixe que a cor azul fique mais vibrante e comece a absorvê-la por cada poro do seu corpo, até respirar na cor azul.

— Pausa.

— Dirija a cor para o seu chakra da garganta.

— Pausa.

— Deixe que qualquer pensamento, sentimento ou sensação aflore em resposta à cor azul. Deixe que eles venham e se tornem mais nítidos. Observe-os e sinta o efeito que eles fazem sobre você.

— Pausa.

— Procure, principalmente, ouvir sua voz interior e conscientizar-se daquilo que busca expressão através de você. Simplesmente ouça.

— Pausa.

— Deixe que a cor vá diminuindo de intensidade e volte sua atenção outra vez para o manto azul.

— Pausa.

— Deixe o manto azul transformar-se no céu infinito outra vez.

— Pausa.

— Reflita sobre a experiência que acabou de ter.

— Pausa.

— Respire de modo um pouco mais profundo e torne-se consciente do seu corpo e do lugar em que está meditando.

— Pausa.

— Permaneça completamente relaxado e abra os olhos.

O Centro da Testa (6)

O chakra da testa, ou *ajna*, está localizado bem acima do nariz. Seu nome em sânscrito significa "conhecer", "perceber" ou "comandar", o que indica a importância desse centro. Ele tem sido associado com o conceito do terceiro olho, que sugere a possibilidade de um novo sentido cuja função seria perceber além do alcance dos cinco sentidos físicos. Esse chakra está ligado ao desenvolvimento de uma maestria com relação a si mesmo, e as partes físicas associadas a ele são os olhos e o cérebro.

É interessante notar que o chakra da testa é associado com Sakti Hakini, a divindade hindu cujo lado direito é representado como uma figura masculina e o lado esquerdo como uma figura feminina. Também é associada a esse chakra a imagem de uma flor com apenas duas pétalas, que pode ser interpretada como a representação da união das duas maneiras pelas quais nós, seres humanos, percebemos o mundo: através do hemisfério direito ou esquerdo do cérebro (cada um representado por uma pétala da flor). O hemisfério esquerdo funciona com o pensamento lógico e racional, e controla o lado direito do corpo, o aspecto masculino da divindade. O hemisfério direito está no controle do lado esquerdo do corpo, representado na divindade hindu como feminino, e é a área do cérebro de onde vêm a intuição e a imaginação.

Esse chakra é a sede da consciência que nos informa que as duas pétalas da flor juntas formam um todo, cada parte tendo igual valor. Essa é a área de onde emergem nossos pensamentos e onde se formam as imagens mentais.

A cor associada a esse centro é o *índigo*, que é a cor localizada na fronteira entre os opostos polares. Ela representa uma cortina entre o eu consciente e o inconsciente, e nós iremos usar essa imagem na meditação a seguir.

Algumas associações feitas com o índigo:

- realização, especialmente num sentido espiritual, autodomínio, sabedoria e santidade.

COR ÍNDIGO
20 minutos

— Seqüência de relaxamento (página 28).

— Imagine que você está pintando um quadro de uma cena noturna. Você vai pintando o céu, à noite, em índigo forte. Acrescenta algumas estrelas e a lua ao seu quadro.

— Pausa.

— Você termina a pintura e então contempla o céu noturno que criou.

— Pausa.

— Deixe que a cor índigo se torne mais viva até você se fundir com a cor. Medite sobre a cor índigo.

— Pausa.

— Inunde sua mente e seu corpo com essa cor e então dirija a cor ao centro da testa.

— Pausa.

— Deixe que qualquer pensamento, sentimento ou sensação aflore em resposta à cor índigo. Deixe que eles venham e se tornem mais íntimos. Observe-os e sinta o efeito deles sobre você.

— Pausa.

— Agora, imagine que a cor índigo se transformou em uma cortina ou véu diante de você. Deixe que a cortina se abra e revele o que está por trás dela.

— Pausa.

— Passe algum tempo olhando a cena que se descortinou. Aceite o que quer que encontre e deixe que isso aumente e se desenvolva.

— Pausa.

— Faça com que a cortina se feche outra vez e então deixe que a imagem vá sumindo. Volte a ficar de novo consciente do quadro que você pintou no início.

— Pausa.

— Contemple o quadro e reflita sobre a experiência que acabou de ter.

— Pausa.

— Respire de modo um pouco mais profundo e torne-se consciente do seu corpo e do lugar em que está meditando.

— Pausa.

— Permaneça completamente relaxado e abra os olhos.

O Centro da Coroa (7)

O chakra da coroa ou *sahasrara* está no topo da cabeça. Seu nome em sânscrito significa "mil vezes mais", e a experiência interior que o despertar desse centro proporciona é o estado de bem-aventurança. A função do centro da coroa é criar união entre o eu consciente e o inconsciente, entre os reinos material e espiritual. As partes do corpo com a qual ele está associado são o cérebro, o córtex cerebral e todo o corpo. A serpente despertada do seu sono é um símbolo associado com o centro da coroa, e Shiva é a sua divindade hindu.

Esse é talvez o chakra mais difícil de descrever, pois ele está associado com a experiência mística de união com o Absoluto. As experiências de pico, de iluminação são muito raras, porém apenas uns poucos segundos, uma vez na vida, são suficientes para inspirar os grandes santos, filósofos, artistas, cientistas e líderes religiosos ao longo da História. A mensagem é: uma vez atingido o estado de "bem-aventurança", você nunca o esquece. Como resultado, sua vida pode mudar para sempre.

Não estou sugerindo que esse estado possa ser alcançado pela ativação do chakra da coroa, por meio de uma simples meditação, porém, a meditação possibilitará que você se dê conta de outras possibilidades, de outras dimensões que atuam na sua vida. Nossa consciência normal é a de separação entre os opostos polares. Neste livro, estamos tratando em particular com os opostos polares do nosso eu consciente e do inconsciente, e com os domínios internos e externos de experiência. A união que esse chakra oferece é entre esses opostos. Quando esse casamento acontece, surge um terceiro estado de consciência, que pode ser simbolizado por uma criança. Dar à luz essa nova criança é, talvez, um símbolo mais apropriado para esse chakra do que o tradicional símbolo oriental do despertar da serpente, porém o significado é o mesmo.

A cor associada a esse centro é o violeta, a cor da consciência pura e do despertar espiritual. Símbolo da humildade, acredita-se também que essa cor tem grandes propriedades terapêuticas.

Algumas associações feitas com o violeta:

- violeta forte: grande realização espiritual, transcendência
- violeta pálido: consciência cósmica, união com o divino

A COR VIOLETA
20 minutos

— Seqüência de relaxamento (página 28).

— Imagine que você está segurando uma ametista que tem um lindo tom violeta. (Segure um cristal de verdade, se preferir.)

— Pausa.

— Sinta a textura do cristal e observe bem de perto sua cor e sua forma.

— Pausa.

— Observe a cor do cristal e note cuidadosamente as diferentes nuanças e sombreados do violeta que você pode encontrar nele.

— Pausa.

— Deixe que o cristal irradie sua cor, que se torna cada vez mais forte.

— Pausa.

— Imagine que você absorve a cor no seu corpo, respirando-a através de cada poro.

— Pausa.

— Inunde-se com a cor violeta e imagine-a então subindo até o topo da cabeça, chegando ao chakra da coroa.

— Pausa.

— Visualize a si mesmo como um ser espiritual perfeito. O que isso significa para você?

— Pausa.

— Aceite qualquer pensamento, sentimento ou sensação que aflorar, em resposta a essa cor. Deixe que eles venham e se tornem mais nítidos. Observe-os e sinta o efeito deles sobre você.

— Pausa.

— Talvez haja uma parte do seu corpo que precise ser curada. Volte sua atenção para ela e projete ali a cor violeta. Sinta o efeito purificador da cor violeta.

— Pausa.

— Deixe que a cor vá desaparecendo e volte a se concentrar na ametista que está segurando.

— Pausa.

— Reflita sobre a experiência que acabou de ter.

— Pausa.

— Respire de modo um pouco mais profundo e torne-se consciente do seu corpo e do lugar em que está meditando.

— Pausa.

— Permaneça completamente relaxado e abra os olhos.

Aqui se completa a seqüência de meditações com cores associadas aos chakras. Na última meditação, incluí a idéia de cura usando uma combinação de um cristal e sua cor. Voltaremos a usar essa prática mais adiante, no Capítulo 4. Antes de concluir este capítulo, entretanto, eis uma meditação que pode ser usada para ativar qualquer um dos sete centros de consciência. Em sânscrito, a palavra "chakra" significa roda.

GIRE A RODA
15 minutos

— Antes de iniciar, escolha um chakra com o qual você gostaria de trabalhar e observe a cor à qual ele está associado.

— Seqüência de relaxamento (página 28).

— Volte sua atenção para a parte do seu corpo onde está situado o chakra que pretende estimular. Imagine ali uma roda que começa a girar.

— Pausa.

— Deixe que a roda gire cada vez mais rápido. Enquanto gira, ela irradia a cor associada a esse chakra.

— Pausa.

— Deixe que a cor se torne mais vibrante até que comece a se projetar para fora de você, em todas as direções.

— Pausa.

— Faça o movimento da roda diminuir e a cor ir desaparecendo, até que a roda pare de girar.

— Pausa.

— Analise como está se sentindo e observe qualquer pensamento ou imagem que aflore.

— Pausa.

— Respire de modo um pouco mais profundo e torne-se consciente do seu corpo e do lugar em que está meditando.

— Pausa.

— Permaneça completamente relaxado e abra os olhos.

Não se esqueça de que a meditação deve ser uma experiência prazerosa. Se você não se sentir bem com uma determinada meditação, não fará mal em interrompê-la em qualquer etapa, simplesmente abrindo os olhos.

No próximo capítulo, iremos considerar a meditação como parte de uma estratégia geral de cura, utilizando a técnica do pensamento positivo e desenvolvendo o uso de cores e cristais.

4

Meditações de cura

A meditação pode se tornar parte do processo de cura em qualquer nível que seja adequado, variando desde a solução para os problemas da vida cotidiana até a cura do corpo físico em momentos de necessidade.

A cura holística

A cura, no sentido holístico, em vez de estar voltada apenas para o problema em si, leva em consideração a pessoa como um todo. Essa é a descrição de cura holística que geralmente encontramos; porém, o que isso realmente significa, e como pode a meditação fazer parte dela? Já vimos como a meditação é a criação da consciência relaxada, e colocamos uma ênfase especial na necessidade de nos tornarmos conscientes de nós mesmos. Essa é uma parte essencial da cura holística. Muitas doenças e muitas dificuldades da vida têm uma relação direta com as nossas atitudes e com a forma como nos tratamos, em geral inconscientemente. Tornarmo-nos conscientes dos impulsos que nos movem é o primeiro passo para reconhecer que a solução de um problema pode estar dentro de nós mesmos. Então, podemos assumir a responsabilidade de encontrar uma solução ou cura.

À medida que a meditação começa a evoluir, é provável que muitas idéias preconcebidas caiam por terra ou se modifiquem, e isso é exatamente o que pode ocorrer com a nossa opinião sobre saúde e cura. Quando você se torna mais consciente de certas relações — entre nossa personalidade consciente e o inconsciente, entre a mente e o corpo, entre nossas atitudes interiores e as crenças e circunstâncias do mundo exterior —, você começa a perceber que a cura não é simplesmente uma questão de se tornar melhor, mas de se tornar inteiro; daí a ênfase na cura holística. Ambos os conceitos, o do "todo" e o do "holístico", implicam essa atitude ou processo.

Polaridades da mente e do corpo

Não estou sugerindo que essa seja uma forma alternativa de cura. O que ela pode fazer é complementar outros tipos de terapia, revelando as áreas em que você pode ajudar a si mesmo, mudando certas atitudes e aspectos da sua vida para criar uma relação harmoniosa entre mente e corpo.

De fato, de acordo com a minha experiência, o processo de desenvolvimento da consciência por meio da meditação pode ter um efeito oposto — parece tornar as coisas piores, antes que elas fiquem melhores! Sem se dar conta de que tem um problema, você pode seguir pela vida alegremente sem a consciência de que algo está errado, mesmo que outros, ao seu redor, possam estar sofrendo por causa das suas atitudes e do seu comportamento. O fato de se tornar consciente de um problema interior pode fazer com que você de repente caia num estado de desagrado consigo mesmo. É por isso que as coisas ficam piores. Entretanto, isso é apenas parte do processo de cura, mais ou menos como uma cura homeopática, que faz com que você piore antes de melhorar. A meditação faz com que você fique consciente de si mesmo, e pode ser descrita metaforicamente como "morder a maçã do conhecimento". Lembre-se de como Adão subitamente tomou consciência de si mesmo, e que havia então um preço a pagar? Depois desse ato, ele não pôde continuar no Jardim do Éden e teve de enfrentar a realidade da vida.

Você pode reconhecer esse cenário à medida que sua meditação se desenvolve. A princípio, tudo é maravilhoso; você está no Jardim do Éden, onde descobriu a solução para todos os seus problemas — e encontrou o segredo da sua vida. Depois, você não consegue mais ir adiante. Nada parece estar acontecendo. Você retorna ao seu estado anterior e ele pode estar ainda pior do que antes.

Esse é um ponto de crise, em que você tem de decidir se deve adotar uma conduta completamente diferente ou deixar que esse momento seja parte do processo natural rumo à consciência de si mesmo e à cura. Eu não posso responder a essas perguntas por você, mas posso dizer-lhe que essa situação ocorrerá repetidas vezes.

Isso se deve ao fato de que você está desenvolvendo uma relação com o seu eu interior, com o seu inconsciente. Isso não é diferente do progresso de um casamento. Primeiro, você precisa conhecer a outra pessoa, então há o casamento e o período de lua-de-mel, em que tudo é maravilhoso e excitante. Depois que tudo isso passa, nada mais parece estar acontecendo a não ser enfrentar os problemas banais da vida cotidiana, até que subitamente as coisas pioram e a questão do divórcio assoma no horizonte. O que é que você faz? Enfrenta a situação ou se divorcia?

Pode ser que haja uma necessidade verdadeira de desistir dessa relação em particular. Mas, se você fizer isso, é bem provável que, na próxima relação, você tenha que passar por todo esse processo de novo — e ele se repetirá até que você se conscientize do que está se passando no seu íntimo. O mesmo se aplica à relação interior que passou a existir durante a meditação, e isso é também uma alegoria para o próprio processo de cura. O problema é que, se você tem um relacionamento ruim consigo mesmo, não é possível fugir dele.

Quando medita, você faz um tipo de experiência alquímica em que você é um frasco que contém todas as partes que constituem a sua personalidade. Quando elas são misturadas, agitadas e aquecidas, a pressão pode aumentar até ficar insustentável. Nessa experiência, novas substâncias — isto é, novas partes de si mesmo — são criadas. Os alquimistas costumavam dizer que todo o trabalho poderia perder-se se o selo do frasco se rompesse antes do final da experiência. Em termos de meditação, romper o frasco significa dizer: "Eu desisto."

Assim, a cura não é simplesmente uma questão de se tornar melhor. Na verdade, é discordar do fato de que os problemas de saúde ou relacionados com as circunstâncias da vida sejam acontecimentos naturais — que não devem ser destruídos, conquistados ou eliminados, mas trabalhados, de modo que possam levar-nos à etapa seguinte da nossa vida. Negar constantemente os problemas, reprimindo-os ou projetando-os em outras pessoas, só garante que mais tarde eles surjam novamente, e ainda mais graves.

Se isso faz sentido para você e se você consegue reconhecer esses fatos na sua vida, vale a pena procurar o ponto seguinte. A cura, no sentido de alcançar a totalidade, implica a reunião das áreas conflitantes da vida, modificando a relação entre elas e, assim, eliminando o conflito e conseguindo um apoio mútuo. Você pode pôr em prática esse princípio junto com o seu parceiro no mundo exterior, ou com o seu oposto dentro de você mesmo, o inconsciente.

A meta é buscar um verdadeiro casamento entre as duas polaridades — em que um não domine ou atropele a vida do outro, mas de modo que cada um possa dar sua contribuição. Para alguém que é extremamente racional ou materialista, isso significa desenvolver a imaginação e a intuição. E, certamente, o oposto se aplica a alguém que vive entregue a fantasias, ou que não pensa por si mesmo.

Quando você desenvolve essa relação correta consigo mesmo, as circunstâncias externas da sua vida também mudam e seus relacionamentos começam a crescer e a se aprofundar. A meditação está longe de ser o ato de não fazer nada! Estabeleça um relacionamento adequado consigo mesmo e você será curado, e sua vida também melhorará. Você pode curar a sua vida!

As conseqüências fisiológicas da meditação são bem conhecidas: redução dos níveis de tensão da pressão sangüínea, e assim por diante. Mas essas, de certa forma, são efeitos secundários do resultado principal da meditação, que é atuar na mente, tanto consciente quanto inconscientemente. Essa área em geral não é considerada um benefício prático, mas eu não concordo com isso, pois conhecer a si mesmo tem um efeito direto sobre todos os aspectos da vida, desde o físico até o espiritual. Tenho de salientar outra vez, porém, que tomar esse caminho não significa que todos os resultados serão imediatamente positivos. A meditação pode levar a desafios e a testes interiores que devem ser enfrentados e que podem não ser fáceis.

Talvez lembrar-se do Jardim do Éden não seja má idéia, pois isso deixará uma lembrança e uma impressão duradouras sobre aquilo que é possível alcançar, uma idéia que você pode manter consigo enquanto viaja pela sua rota pessoal, ao longo da vida interior. Pense em si mesmo como um peregrino que viaja para encontrar o Santo Graal. Lembre-se de que os Cavaleiros da Távola Redonda receberam uma visão do Graal que os inspirou a começar suas aventuras. E eles assim o fizeram para encontrar os desafios com os quais se defrontaram enquanto seguiam seu caminho. Se quiser, você pode se recusar a começar essa busca, mas, para mim — e espero que para você também — a aventura da peregrinação interior é um apelo a que não se deveria resistir.

Meditação como parte de uma estratégia de cura

Agora, do sublime ao prático. No final deste capítulo, darei a você algumas meditações de cura baseadas nos princípios da cura espiritual e dos cristais. Antes, apresentarei algumas práticas para lidar com determinados problemas. A meditação por si só não será uma cura — você não pode aplicá-la como um bálsamo ou tomá-la como um medicamento. Ela é parte de uma estratégia geral para lidar com um problema pessoal, ou para ajudá-lo a alcançar uma determinada meta.

O procedimento é o mesmo, em todos os casos:

- estabeleça a sua meta
- faça uma lista de tudo que o esteja impedindo de alcançá-la
- medite sobre esses bloqueios para encontrar maneiras de superá-los
- tenha um pensamento positivo
- aja com convicção

Isso significa estabelecer etapas na sua rotina e atividades diárias para atingir a sua meta, implementando o trabalho de base feito na meditação.

Seja bem claro com relação à sua meta. Identifique tantos fatores quantos for possível que o estejam impedindo de atingir essa meta. Faça isso antes de iniciar qualquer das meditações a seguir.

PARA DESENVOLVER A CONFIANÇA EM SI MESMO
20 minutos

— Seqüência de relaxamento (página 28).

— Técnica de respiração (página 14).

— Na expiração, comece entoando o mantra do pensamento positivo: "Eu confio em mim mesmo."

— Repita-o várias vezes.

— Imagine-se em uma situação em que você precisa demonstrar confiança. Imagine a sua meta tão claramente quanto puder.

— Pausa.

— Medite agora sobre todos os fatores — especialmente sentimentos e pensamentos — que o estejam impedindo de atingir sua meta. Analise-os um por um e deixe que a solução para cada um deles aflore na sua mente.

— Pausa.

— Diga para si mesmo: "Eu agora supero todos os obstáculos. Não vou mais me impedir de ser autoconfiante."

— Repita isso.

— Imagine sua meta novamente e veja a si mesmo alcançando-a com facilidade.

— Pausa.

— Técnica de respiração. Outra vez ao expirar, repita o mantra "Eu confio em mim mesmo".

— Termine a meditação quando estiver pronto.

PARA PARAR DE FUMAR
20 minutos

— Seqüência de relaxamento (página 28).

— Técnica de respiração (página 14).

— Na expiração, comece entoando o mantra do pensamento positivo: "Eu não preciso mais fumar."

— Repita-o várias vezes.

— Imagine-se numa situação na qual você normalmente estaria fumando, porém, desta vez, visualize-se sem o cigarro. Respire livremente.

— Pausa.

— Medite agora sobre todos os fatores — especialmente sentimentos e pensamentos — que o estejam impedindo de atingir sua meta. Analise-os um por um e deixe que a solução para cada um deles aflore na sua mente.

— Pausa.

— Diga para si mesmo: "Agora eu superei todos os obstáculos. Não vou mais protelar a decisão de parar de fumar."

— Repita isso.

— Imagine sua meta novamente e veja a si mesmo alcançando-a com facilidade.

— Pausa.

— Técnica de respiração. Outra vez, ao expirar, repita o mantra: "Eu não preciso mais fumar."

— Termine a meditação quando estiver pronto.

PARA ATINGIR O SEU PESO IDEAL
20 minutos

— Seqüência de relaxamento (página 28).

— Técnica de respiração (página 14).

— Na expiração, comece usando o mantra do pensamento positivo: "Eu tenho um corpo perfeito", ou, se preferir: "Eu amo o meu corpo."

— Repita-o várias vezes.

— Imagine-se com os atributos físicos e com o peso que gostaria de ter. Seja bastante claro quanto a essa meta.

— Pausa.

— Medite agora sobre todos os fatores — especialmente sentimentos e pensamentos — que o estejam impedindo de atingir sua meta. Analise-os um por um e deixe que a solução para cada um deles aflore na sua mente.

— Pausa.

— Diga a si mesmo: "Agora eu superei todos os obstáculos. Não vou mais protelar a decisão de atingir o meu peso ideal."

— Repita isso.

— Imagine sua meta novamente e veja a si mesmo alcançando-a com facilidade.

— Pausa.

— Técnica de respiração. Outra vez, ao expirar, repita o mantra: "Eu tenho um corpo perfeito", ou "Eu amo o meu corpo."

— Termine a meditação quando estiver pronto.

PARA PASSAR NOS EXAMES
20 minutos

— Seqüência de relaxamento (página 28).

— Técnica de respiração (página 14).

— Na expiração, comece usando o mantra do pensamento positivo, "Eu vou passar nos exames".

— Repita-o várias vezes.

— Veja a si mesmo passando nos exames. Seja bastante claro quanto a essa meta.

— Pausa.

— Medite agora sobre todos os fatores — especialmente sentimentos e pensamentos — que o estão impedindo de atingir sua meta. Analise-os um por um e deixe que a solução para cada um deles aflore na sua mente.

— Pausa.

— Diga para si mesmo: "Agora eu superei todos os obstáculos. Não vou mais deixar de passar no meu exame."

— Repita isso.

— Imagine sua meta novamente e veja a si mesmo alcançando-a com facilidade.

— Pausa.

— Técnica de respiração. Outra vez ao expirar, repita o mantra: "Eu vou passar nos exames."

— Termine a meditação quando estiver pronto.

PARA MELHORAR A IMAGEM DE SI MESMO
20 minutos

— Seqüência de relaxamento (página 28).

— Técnica de respiração (página 14).

— Na expiração, comece usando o mantra do pensamento positivo: "Eu estou criando uma auto-imagem positiva", ou "Eu amo a mim mesmo", se isso for mais apropriado.

— Repita-o várias vezes.

— Veja a si mesmo com uma auto-imagem forte, repleta de auto-estima. Seja muito claro quanto ao seu objetivo.

— Pausa.

— Agora, medite sobre todos os fatores — especialmente sentimentos e pensamentos — que estão impedindo você de atingir sua meta. Analise-os um por um e deixe que a solução para cada um deles aflore na sua mente.

— Pausa.

— Diga para si mesmo: "Agora eu superei todos os obstáculos. Não vou mais protelar a decisão de ter a auto-estima e uma auto-imagem positiva."

— Repita isso.

— Imagine sua meta novamente e veja a si mesmo alcançando-a com facilidade.

— Pausa.

— Técnica de respiração. Outra vez ao expirar, repita o mantra: "Eu estou criando uma auto-imagem positiva", ou "Eu amo a mim mesmo."

— Termine a meditação quando estiver pronto.

PARA MELHORAR OS RELACIONAMENTOS
20 minutos

— Seqüência de relaxamento (página 28).

— Técnica de respiração (página 14).

— Na expiração, comece usando o mantra do pensamento positivo: "Meu relacionamento vai bem."

— Repita-o várias vezes.

— Veja a si mesmo se relacionando bem com a pessoa em questão. Seja bastante claro quanto a essa meta.

— Pausa.

— Agora, medite sobre todos os fatores — especialmente sentimentos e pensamentos — que estão impedindo você de atingir sua meta. Analise-os um por um e deixe que a solução para cada um deles aflore na sua mente.

— Pausa.

— Diga para si mesmo: "Agora eu superei todos os obstáculos. Não vou mais deixar de ter o relacionamento que desejo."

— Repita isso.

— Imagine sua meta novamente e veja a si mesmo alcançando-a com facilidade.

— Pausa.

— Técnica de respiração. Outra vez ao expirar, repita o mantra: "Meu relacionamento vai bem."

— Termine a meditação quando estiver pronto.

PARA MELHORAR SUA SITUAÇÃO FINANCEIRA
20 minutos

— Seqüência de relaxamento (página 28).

— Técnica de respiração (página 14).

— Na expiração, comece usando o mantra do pensamento positivo: "Tenho tudo aquilo de que necessito."

— Repita-o várias vezes.

— Veja a si mesmo numa situação financeira estável. Seja bastante claro quanto a essa meta.

— Pausa.

— Medite agora sobre todos os fatores — especialmente sentimentos e pensamentos — que estão impedindo você de atingir sua meta. Analise-os um por um e deixe que a solução para cada um deles aflore na sua mente.

— Pausa.

— Diga para si mesmo: "Agora eu superei todos os obstáculos. Não vou mais deixar de ter tudo aquilo de que preciso."

— Repita isso.

— Imagine sua meta novamente e veja a si mesmo alcançando-a com facilidade.

— Pausa.

— Técnica de respiração. Outra vez ao expirar, repita o mantra: "Tenho tudo aquilo de que necessito."

— Termine a meditação quando estiver pronto.

PARA PROGREDIR NA CARREIRA
20 minutos

— Seqüência de relaxamento (página 28).

— Técnica de respiração (página 14).

— Na expiração, comece usando o mantra positivo: "Sou bem-sucedido."

— Repita-o várias vezes.

— Veja a si mesmo sendo bem-sucedido na sua vida profissional. Seja bastante claro quanto a essa meta.

— Pausa.

— Medite agora sobre todos os fatores — especialmente sentimentos e pensamentos — que estão impedindo você de atingir a sua meta. Analise-os um por um e deixe que a solução para cada um deles aflore na sua mente.

— Pausa.

— Diga para si mesmo: "Agora eu superei todos os obstáculos. Não vou mais deixar de progredir na minha carreira."

— Repita isso.

— Imagine sua meta novamente e veja a si mesmo alcançando-a com facilidade.

— Pausa.

— Técnica de respiração. Outra vez, ao expirar, repita o mantra: "Sou bem-sucedido."

— Termine a meditação quando estiver pronto.

A última meditação desta seqüência visa aprimorar o seu desempenho em qualquer área que seja importante para você, em particular no campo esportivo ou artístico, em que o bom desempenho depende muito de sua preparação psicológica, de treinamento ou de habilidade.

PARA APRIMORAR SEU DESEMPENHO
20 minutos

— Seqüência de relaxamento (página 28).

— Técnica de respiração (página 14).

— Na expiração, comece usando o mantra positivo: "Eu vou atingir a minha meta."

— Repita-o várias vezes.

— Veja a si próprio atingindo o desempenho que você sonhou para si mesmo. Seja bastante claro quanto a essa meta.

— Pausa.

— Medite agora sobre todos os fatores — especialmente sentimentos e pensamentos — que o estão impedindo de atingir sua meta. Analise-os um por um e deixe que a solução para cada um deles aflore na sua mente.

— Pausa.

— Diga para si mesmo: "Agora eu superei todos os obstáculos. Não vou mais deixar de ter o desempenho de que preciso."

— Repita isso.

— Imagine novamente a sua meta e veja a si mesmo alcançando-a com facilidade.

— Pausa.

— Técnica de respiração. Outra vez, ao expirar, repita o mantra: "Vou atingir a minha meta."

— Termine a meditação quando estiver pronto.

Aqui se conclui essa seqüência de meditações mas, antes de continuar, eu quero sublinhar que você pode aplicar o princípio e os critérios dessas meditações a qualquer circunstância da sua vida que precise ser resolvida ou aprimorada. Durante a meditação, o objetivo é imaginar a si mesmo alcançando a sua meta. Assim você poderá saber o que sentirá ao alcançá-la. E ainda, quero frisar o quanto é importante você saber exatamente o que deseja alcançar — e isso significa tornar-se consciente de todas as possíveis conseqüências, para outras pessoas e para si mesmo. Se, durante o processo, você perceber que gostaria de mudar suas metas, não há problema. Não tenha receio de fazer isso.

Agora, quero tratar do processo de cura, tendo em mente a relação que mencionei entre as polaridades mente e corpo, consciente e inconsciente.

A cura com cores e cristais

Agora você já pode usar as idéias sobre as cores apresentadas no Capítulo 3, para curar a mente e o corpo. Tente isto:

A CURA COM O CRISTAL
25 minutos

— Seqüência de relaxamento (página 28).

— Técnica de respiração (página 14).

— Veja com os olhos da mente um cristal transparente. Torne-o real. Você pode tocá-lo e segurá-lo. Sinta-lhe o peso. Sinta-lhe a superfície contra a pele. Examine-o cuidadosamente.

— Pausa.

— Coloque-o à sua frente de maneira que possa vê-lo e olhar dentro dele.

— Pausa.

— À medida que você olha o cristal, uma luz branca começa a ser irradiada do seu interior.

— Pausa.

— A luz aumenta, até que o cristal esteja irradiando essa luz em todas as direções.

— Pausa.

— A luz começa a mudar de cor. Primeiro, ela fica vermelha. Deixe que o cristal se ilumine e irradie a luz vermelha.

— Pausa.

— A luz muda para o laranja.

— Pausa.

— Agora, para o amarelo.

— Pausa.

— Agora, para o verde.
— Pausa.
— Muda para o azul.
— Pausa.
— Torna-se índigo.
— Pausa.
— Violeta.
— Pausa.

— Você vai escolher uma dessas cores e usá-la para a cura. Selecione uma cor pela qual você se sinta atraído, lembrando-se de que os tons avermelhados do espectro aumentam a energia, enquanto os azulados são calmantes. Opte por uma cor e deixe que o cristal comece a irradiá-la.

— Pausa.

— Deixe que o cristal irradie essa cor... Se quiser, você pode escolher outra cor.

— Pausa.

— Quando sentir que escolheu a cor mais adequada, deixe que a energia dentro do cristal aumente, para que a luz colorida fique mais forte.

— Pausa.

— Escolha uma parte do seu corpo que será beneficiada com a energia de cura. Você pode optar pelo corpo inteiro, se preferir.

— Pausa.

— Deixe que a luz colorida envolva essa parte do seu corpo, preenchendo-a com energia de cura. Você pode deixar a luz de cura inundar todo o seu ser.

— Pausa.

— Quando estiver preparado, deixe que a energia da luz vá desaparecendo até que a sua atenção se volte outra vez para o cristal, que está irradiando suavemente a cor escolhida.

— Pausa.

— A cor começa a mudar outra vez e adquire um tom avermelhado. Deixe que o cristal irradie e emita luz vermelha.

— Pausa.
— A luz muda para o laranja.
— Pausa.

— Agora, para o amarelo.

— Pausa.

— Agora, para o verde.

— Pausa.

— Muda para o azul.

— Pausa.

— Agora, muda para o índigo.

— Pausa.

— Agora, para o violeta.

— Pausa.

— Agora, todas as cores se fundem até que o cristal comece a irradiar uma luz branca.

— Pausa.

— Deixe que a luz branca fique cada vez mais forte até que irradie em todas as direções, envolvendo você e fluindo para o mundo todo. Agora você está irradiando luz — energia de cura no universo —, e suas vibrações de cura podem atingir todas as pessoas e todas as criaturas deste planeta.

— Pausa.

— Deixe que a energia luminosa diminua até que você veja o cristal uma vez mais. Agora, ele deixou de emitir luz e está sereno.

— Pausa.

— Deixe que a imagem do cristal vá desaparecendo e, no seu lugar, surge uma cruz dentro de um círculo. Esse é um símbolo universal da totalidade e da cura. Contemple essa imagem e deixe que ela inspire em você pensamentos e sentimentos.

— Pausa.

— Deixe que a imagem da cruz no interior do círculo vá desaparecendo. Torne-se consciente da sua respiração. Respire um pouco mais profundamente que o normal. Enquanto permanece completamente relaxado, volte sua atenção para o seu corpo e para o ambiente que o circunda... Abra os olhos.

— Pausa.

— Antes de voltar às suas atividades diárias, passe mais alguns momentos usufruindo os efeitos da meditação e refletindo sobre a experiência que acabou de ter.

— Pausa.

— Você pode usar o cristal para promover a cura, em qualquer momento que desejar.

O símbolo da cruz dentro de um círculo é uma imagem da totalidade e da cura. O círculo representa o espírito e a cruz simboliza o mundo material e suas dimensões.

Os símbolos, tais como o círculo e a cruz, podem ser visualizados para estimular o processo de cura e promover a totalidade. As cores podem surtir o mesmo efeito. Apresentei este assunto no Capítulo 3, quando falei sobre as cores associadas a cada centro da consciência. As meditações visam estimular cada centro por meio da cor correspondente. Na meditação acima, "A Cura com o Cristal", sugeri que você escolhesse uma cor em particular, pela qual se sentisse intuitivamente atraído. O ideal seria que, depois de concluir a meditação, você procurasse saber qual chakra está associado a essa cor.

Uma outra maneira de promover a cura por meio da cor é escolher uma determinada cor, ou uma combinação de cores, tendo em vista as qualidades a ela atribuídas. Aqui serão apresentadas algumas propriedades terapêuticas das cores principais. Essas propriedades podem ser estimuladas por meio da meditação. Outro procedimento que os cromoterapeutas adotam, e que pode ser usado em conjunto com a meditação, é o uso de lâmpadas coloridas.

AMARELO — estimula a atividade mental, a coordenação e a comunicação. Proporciona lucidez e afasta idéias obsessivas. Cor associada à consciência desperta, ela pode ser utilizada se você não se sentir totalmente desperto, mesmo depois de ter dormido bem.

AZUL — é a primeira cor do espectro com propriedades calmantes e pode ser usada para proporcionar tranqüilidade e paz. Essa cor estimulará sua capacidade de se desapegar, talvez de padrões de comportamento inadequados ou obsoletos. O azul deve ser usado nos casos em que a pessoa é muito racional e pouco intuitiva, pois o azul estimula a intuição.

ÍNDIGO — é também uma das cores do espectro com propriedades calmantes. É a mais indicada para nos fazer perceber novas dimensões da vida e da consciência. Ela irá estimular a sua capacidade de visualizar e canalizar imagens, pensamentos, sentimentos e sensações que chegam do seu inconsciente. Ela irá, portanto, estimular também os sonhos e a atividade psíquica. Esta não é uma cor apropriada para pessoas com imaginação superativa. O surgimento do índigo na meditação indica que nossa consciência está prestes a se expandir.

LARANJA — pode melhorar sua saúde e a vitalidade, e geralmente é estimulante. Pode ser usado para aliviar a depressão, a indolência e a falta de entusiasmo. A cor laranja auxilia no processo de liberação, proporcionando liberdade para expressar pensamentos e sentimentos reprimidos. Essa cor estimula a criatividade e a autoconfiança.

VERDE — é a cor da vida nova e é apropriada para iniciar ou criar algum novo projeto, relacionamento ou estudo de qualquer espécie. O verde estimula o seu despertar e o seu crescimento. Essa cor pode aparecer na meditação quando um estágio ou fase da vida está se acabando e outro começando. Ele representa o ponto de equilíbrio entre os pólos opostos. Por despertar a compaixão e a simpatia pelos outros, o verde é a cor indicada nos casos em que essas qualidades precisam ser desenvolvidas.

VERMELHO — é uma cor estimulante e pode ser utilizada quando sua energia está baixa, embora deva ser evitada se você tem inclinação à agressividade ou à irritação. O vermelho aquece e pode ser usado para acelerar a circulação do sangue e elevar a temperatura do corpo. Ele estimula o desejo e a atividade sexual. Essa cor tem um efeito imediato e pode aumentar sua força de vontade.

VIOLETA — é a cor que equilibra os pólos opostos, fazendo com que o consciente e o inconsciente, o mundo interior e o exterior, a mente e a matéria, se relacionem harmoniosamente. Seu surgimento na meditação indica o despertar místico ou religioso e uma provável experiência nesses campos. Pode ser utilizada quando você quer desenvolver a humildade e também superar uma situação difícil. Tem grandes propriedades terapêuticas e promove uma apreciação do verdadeiro valor das coisas num sentido não material. A cor violeta é indicada nos casos em que a pessoa é muito materialista.

Na meditação "A Cura com o Cristal", não indiquei um tipo específico de cristal para visualizar. Em certas circunstâncias, é importante deixar que o seu inconsciente ou a sua intuição traga até você a forma e a cor do cristal. Depois de visualizar a pedra, os significados associados a ela o ajudarão a esclarecer as imagens recebidas durante a meditação. Você também pode, em vez disso, basear-se nesses significados para selecionar o cristal com o qual pretende trabalhar. Você pode visualizar o cristal ou usar um de verdade, como um talismã, para estimular uma determinada energia dentro de você.

Os números que aparecem depois do nome de cada pedra indicam o chakra com o qual estão associadas (ver ilustração na página 62).

Ágata (6)

A *ágata listrada de azul* estimula a auto-expressão; alivia dores de cabeça, dores no pescoço e nos ombros; cura a dor de garganta e combate inflamações. A *ágata musgosa* melhora a circulação e promove harmonia.

Água-marinha (3, 5)

Confere lucidez e estimula a expressão criativa. Ativa o timo e combate medos e fobias.

Âmbar (todos os chakras)

Fortalece os tecidos do sistema nervoso central e estimula todas as glândulas.

Ametista (6, 7)

Com propriedades calmantes e de proteção, ela ajuda no processo de libertação.

Aventurina (4)

Alivia a depressão e a ansiedade.

Azurita (5, 6)

Melhora a capacidade de visualização; estimula o baço e a tireóide; elimina antigos padrões de pensamento.

Cainita (5, 6)

Estimula os sonhos e o poder de visualização.

Calcita (1)

Melhora a memória e a visão. Também nos ajuda a ver as situações com mais clareza.

Celestita (5)

Alivia dores de cabeça provocadas por tensão e melhora a comunicação.

Citrino (3, 7)

Estimula os poderes de cura naturais do corpo; desintoxica o organismo e ajuda na sua regeneração; aumenta a intuição e diminui as tendências autodestrutivas. Ajuda a combater vícios.

Cornalina (2)

Estimula a vontade e alivia sintomas da asma.

Crisocola (4, 5)

Alivia as tensões; reduz a raiva, o medo e a culpa; favorece a respiração e estimula a tireóide.

Diamante (todos os chakras)

Combate a negatividade e diminui a agitação mental. O diamante tem todas as propriedades terapêuticas.

Enxofre (3)

Estimula a lucidez; fortalece a vontade.

Esmeralda (4)

Calmante para a mente e para as emoções. Fortalece o sistema imunológico.

Fluorita (6, 7)

Auxilia na meditação e na cura de derrames e artrites. Acalma e favorece a concentração, colocando a pessoa em contato com seu próprio corpo, desenvolvendo a consciência física, traz estabilidade.

Granada (1)

Estimula a glândula pituitária e a circulação do sangue; ajuda na cura da anemia; acalma pensamentos e sentimentos exaltados; proporciona estabilidade.

Heliotrópio

Essa pedra purifica e fortalece a nossa relação com a Terra. Também revigora o coração e nos dá mais coragem.

Hematita (1)

Aumenta a resistência ao *stress*; estimula o baço; estimula processos de mudança.

Jadeíta (4)

Fortalece o coração e os rins; reforça o sistema imunológico; acalma as emoções; elimina padrões negativos.

Kunzita (4)

Ajuda a combater a depressão; ajuda a melhorar relacionamentos em crise; fortalece o coração.

Lápis-lazúli (5, 6)

Harmoniza sua vida interior e exterior; promove o despertar espiritual; estimula a tireóide e a fertilidade; aumenta a vitalidade.

Malaquita (5, 6)

Combate a insônia; elimina bloqueios inconscientes de energia.

Moldavita (6)

Estimula a imaginação e a intuição.

Obsidiana (1, 3, 7)

Aumenta a vitalidade e fortalece a vontade.

Olho-de-lince (1)

Traz paz e tranqüilidade; indicado como auxiliar no desenvolvimento da percepção extra-sensorial.

Olho-de-tigre (3)

Ajuda a diminuir a obstinação; cria fluência na comunicação; favorece a intuição.

Pedra-da-lua (4)

Proporciona estabilidade emocional; alivia a ansiedade; diminui a tensão pré-menstrual.

Peridoto (2, 3, 4)

Promove a estabilidade mental; acelera o desenvolvimento pessoal; estabiliza as emoções.

Pirita (1, 3)

Melhora a digestão e a função excretora; fortalece a vontade.

Quartzo

Há muitos tipos de quartzo. Por exemplo: o *quartzo rosa* (4) acalma as emoções; é benéfico para os rins; elimina traumas da infância e favorece o perdão e a compaixão. O quartzo enfumaçado (1) estimula as glândulas supra-renais e ajuda no combate à depressão.

Rodocrosita (1, 2, 3)

Trata as feridas emocionais; proporciona auto-aceitação; fortalece a memória.

Rubi (4)

Estimula tanto a energia e a vontade como a coragem; traz estabilidade emocional e física; fortalece o sistema imunológico; desenvolve a devoção espiritual.

Safira (1, 6)

Reforça a intuição; acalma a mente; ajuda no processo digestivo.

Selenita (7)

Acalma o sistema nervoso e aumenta a força de vontade.

Sodalita (5, 6)

Diminui o medo e a culpa; favorece a auto-expressão; traz estabilidade.

Topázio (3, 7)

Útil no combate à artrite e ao reumatismo; alivia a raiva, a depressão e o medo; ajuda no processo digestivo.

Turmalina azul (5)

Acalma a raiva e a frustração; diminui a tristeza; proporciona paz interior; cura a dor de garganta.

Turmalina negra (1)

Proteção psíquica contra energias negativas; coloca a pessoa em contato com o corpo; traz estabilidade.

Turmalina rosa/vermelha (4)

Estimula a paixão; encoraja a criança interior e a expressão dos anseios da juventude.

Turmalina verde (4)

Antidepressiva; aumenta a sensibilidade; beneficia o sistema endócrino.

Turquesa (4, 5)

Abre todos os centros da consciência; acalma as emoções.

As qualidades associadas com os cristais podem ser úteis no seu trabalho espiritual. Visualize o cristal dentro ou próximo do chakra ao qual ele está associado, ou coloque um cristal de verdade sobre o chakra ou perto dele enquanto estiver meditando. Em seguida, faça o seguinte exercício:

HARMONIZAÇÃO COMPLETA COM OS CRISTAIS
20 minutos

Escolha sete cristais que tenham a cor ou as propriedades de cura que você gostaria de utilizar. Visualize cada cristal nos seus chakras ou próximo deles. Volte sua atenção para cada um deles e abra-se para sentir o efeito que provocam em você. Se você tiver uma coleção de cristais, pode se deitar e colocar cada cristal sobre ou próximo ao chakra a que está associado, meditando sobre os seus efeitos. Faça isso por cerca de vinte minutos. Observe atentamente as suas reações e escolha os cristais e as cores de acordo com elas.

No meu trabalho de cura, sempre dou ênfase ao fato de que a cura por meio da meditação é algo natural, e não sobrenatural. A meditação aumenta a nossa consciência e nos põe em contato com a nossa capacidade natural para a cura. Ao ampliar sua consciência, você se dá conta daquilo que está lhe faltando ou de que você necessita na vida para conseguir a cura. Isso geralmente significa usar seu bom senso e agir de acordo com ele. Não se deve, por exemplo, perceber aquilo de que se precisa e depois não fazer nada a respeito. Há um tempo para meditar e um tempo para agir; ambos são necessários para se ter uma vida equilibrada.

O Capítulo 5 apresenta meditações apropriadas para diferentes celebrações durante o ano. Por meio delas, daremos prosseguimento ao trabalho de harmonização dos ritmos naturais internos e externos da vida.

5

Meditações para datas festivas

Ao longo do tempo, as festividades têm marcado o ritmo do ciclo anual. Elas são celebradas desde que as pessoas começaram a perceber que o ciclo anual do crescimento e do declínio da natureza podiam ser medidos pelo movimento do sol, da lua e dos planetas, com o céu como pano de fundo, e especialmente em relação com os signos do Zodíaco.

Os rituais fazem mais do que simplesmente assinalar as atividades sazonais. Eles têm um efeito sobre a psique humana, em especial sobre a consciência coletiva, fazendo com que não nos esqueçamos da nossa ligação com a natureza e da nossa interdependência. Essa é a confirmação de que seguimos os mesmos ritmos e fazemos parte da mesma história que se desenvolve no universo.

Esses rituais sempre foram celebrados em grupo, e as meditações seguintes, com base nas datas festivas, têm um efeito maior quando praticadas com outras pessoas. Elas dão oportunidade para que trabalhemos em grupo ou com a própria família; dessa maneira, podemos realçar nosso senso de propósito e nosso espírito comunitário e compartilhar de uma experiência universal. Entretanto, não há razão para que você não faça as meditações sozinho, se isso condiz com a sua situação.

Até agora temos sugerido que, durante a meditação, você se afaste do mundo exterior e olhe para dentro ou, como descrevi no Capítulo 2, mude o eixo da consciência do mundo exterior/ego para ego/mundo interior. Neste capítulo, quero usar a meditação para aumentar a nossa percepção em relação aos acontecimentos significativos do mundo exterior — o ciclo anual das festividades ou datas importantes do calendário cósmico.

Um dos objetivos da meditação é aumentar a consciência do nosso eu, o que, por sua vez, reforça a consciência da nossa ligação com o mundo em que vivemos. Isso diz respeito ao relacionamento que mantemos com as outras pessoas e com os acontecimentos da nossa vida — ao modo como nos "relacionamos" com o mundo em que vivemos. Num nível mais profundo, significa a nossa relação com os ciclos e padrões do mundo natural e com o próprio cosmos.

Há uma razão prática e uma razão espiritual para isso. Num nível prático, a sintonia com o ciclo anual das festividades faz com que reconheçamos nosso papel como parte de um todo. É a experiência oposta à da alienação da sociedade e do mundo.

De acordo com a visão holística, somos parte do mundo, dependemos dele, pois ele é a fonte da nossa vida, ele a mantém e nos recebe de volta quando ela termina. Essa é a relação *externa*, que corresponde à relação *interna* de que falamos em termos do inconsciente. A visão mística das religiões tradicionais — que sugere a possibilidade de conhecer realidades maiores ou diferentes das do nosso mundo diário — afirma que a separação dos mundos interior e exterior é uma ilusão; as inspirações místicas reforçam a experiência de "unicidade", e isso é o que a unicidade significa, ou seja, a sintonia do universo interior e exterior.

Junto com o declínio das instituições religiosas, a moderna civilização ocidental também perdeu o sentimento de fazer parte de um grupo, no mundo, este foi substituído por um crescente senso de alienação. O resultado é a perda do respeito por qualquer coisa que não nos interesse e a perda de um saudável senso de propósito na vida.

Por não existir uma barreira real entre o mundo interior e o exterior, se entramos em sintonia com o nosso eu interior podemos evocar esse sentimento de fazer parte de um grupo no mundo. Com ele vem uma fonte renovada de energia e propósito de vida. Nossa consciência sobre a dimensão espiritual da vida cresce e o papel que desempenhamos nessa vida espiritual como indivíduos, cada um com algo único a oferecer, torna-se mais evidente.

Se você medita sozinho ou em grupo (ver Capítulo 11 para saber como criar e conduzir o seu grupo de meditação), uma certa preparação irá favorecer sua experiência acerca desses eventos cósmicos importantes. Adotei as sugestões dadas por William Bloom, no seu livro *Sacred Times*. O processo compreende fazer uma preparação pessoal, a escolha de um espaço para meditação, a sintonia com o ambiente ao redor e, então, sua purificação em termos físicos e espirituais. Depois disso, pode ser feita uma cerimônia de consagração.

Como esse trabalho de preparação deve ser feito antes de qualquer meditação deste capítulo, explicarei essa seqüência em detalhes. Sinta-se livre para deixar de lado qualquer etapa que não tenha a ver com você, ou para ampliar e adaptar a preparação de acordo com a sua vontade.

Preparação

Prepare-se

Medite tranqüilamente a sós durante algum tempo, talvez contemplando a importância da data festiva que você pretende celebrar. Um ato físico de sintonia (como, por exemplo, um pequeno jejum) pode ser útil, mas não exagere.

Prepare o espaço para a meditação

Sente-se por um tempo no lugar onde você irá meditar. Torne-se consciente da sua atmosfera, esteja aberto às impressões. Procure perceber se há algo a fazer no local — talvez ele precise de uma limpeza ou de um vaso com flores. A limpeza pode ser em nível físico, ou um ato de sintonia interior. Simplesmente medite calmamente nesse lugar, concentrando-se na atmosfera e esperando até que se sinta tranqüilo e bem.

Você pode equilibrar e sintonizar as energias do ambiente colocando, nos cantos da sala, ou num formato quadrangular, objetos que representem cada um dos quatro elementos. O elemento Terra pode ser representado por um recipiente com sal ou por um vaso de plantas; o elemento Água, por um recipiente com água; o elemento Ar, queimando-se um incenso; o elemento Fogo, por uma vela acesa. Enquanto você posiciona cada um desses elementos, pratique a meditação "Capte o Momento", da página 44. Posicione os objetos e aguarde até que a atmosfera se equilibre.

Tome um objeto por vez e contemple o elemento e a essência do seu significado, concentrando-se em um ser ou qualidade divina que para você represente amor e o ato de compartilhar. Imagine as bênçãos desse ser que veio até você e também através de você. Sinta a radiação descendo pela palma das mãos e banhando o objeto que você está segurando. Você pode então ungir o objeto, dizendo algo como: "Em nome do amor e da cura, eu abençôo este (incenso, sal, água, vela)."

Purifique o espaço da meditação

Prepare um pouco de água, como é indicado a seguir. Coloque um recipiente com água à sua frente e separe alguns cristais de sal grosso. Imagine que você está a serviço Daquele que para você é um ser perfeito e posicione sua mão direita sobre a água. Imagine que a energia desse Ser Perfeito está fluindo para baixo até você, através da sua mão. Pegue então alguns cristais de sal e solte-os cuidadosamente na água. Faça isso três vezes e, enquanto os joga, você pode dizer algo como:

- "Eu libero todas as influências negativas desta água." Jogue o sal.
- "Eu libero todas as minhas influências negativas." Jogue o sal.
- "Eu libero todas as influências negativas deste lugar." Jogue o sal.

Agora, vá espargindo a água pelo local da meditação. Assim, o trabalho de preparação estará completo.

Para purificar a atmosfera depois da meditação, basta fazer algum barulho. Uma conversa que se inicia naturalmente entre os membros do grupo pode ser o bastante; se não for, bata palmas ou faça soar um gongo ou sineta. Você também pode fazer isso logo no início como forma de anunciar o trabalho de preparação que virá a seguir, ou simplesmente para limpar as velhas energias e a atmosfera e fazer com que tudo se renove.

Ritmos lunares

Evidências arqueológicas mostram que quase todas as sociedades préhistóricas cultuavam a Grande Mãe como provedora da vida e da força que governava não apenas o mundo visível da natureza, mas também o mundo invisível além desta vida. Nenhuma imagem de deuses masculinos foi descoberta desde o período anterior à Idade do Bronze, porém as deusas femininas podem ser encontradas sob muitas formas.

Mitologicamente, a Grande Mãe deu um sentido de unicidade a toda a natureza, permeando tudo, frutificando e alimentando, criando e destruindo. Ela era tanto luz como escuridão, com poder sobre a vida e a morte. O nascimento, a vida e a morte eram considerados uma simples entidade e estavam refletidos nos contínuos crescentes e minguantes da lua. Em *The Myth of the Goddess*, Anne Baring e Jules Cashford escrevem: "O ciclo lunar deve ter oferecido uma maneira de compreender como uma semente cresce e se transforma em flor e fruto, o qual, caindo na escuridão da terra, retorna como a semente regenerada... Primavera, verão, outono e inverno fazem o paralelo com a lua crescente, cheia, minguante e nova."

Assim, a única imagem que resumia os processos naturais, refletindo o ser da deusa, era a lua. Hoje, na Astrologia, a lua representa a mãe e o inconsciente. É um símbolo de cuidado e proteção, que rege as emoções e os sentimentos. Um vínculo significativo com o antigo passado permanece até hoje: o Domingo de Páscoa — a grande celebração da morte e da renovação cristã, comemorada no primeiro domingo depois da primeira lua cheia que sucede o equinócio da primavera.

A meditação a seguir pode ser feita na época da lua cheia. Essa é a época em que o sol e a lua estão posicionados exatamente em lados opostos da Terra. É quando a face completa da lua pode ser vista. É um tempo de grande atividade psíquica e um sinal universal para a sintonia de grupo. No ciclo anual das luas cheias, a lua cheia de Touro (quando o sol está em Escorpião) também conhecida como a Festa de Wesak, uma data importante do ponto de vista espiritual em que, de acordo com a cultura esotérica, todos os seres iluminados e os verdadeiros mestres espirituais cooperam para invocar uma grande bênção anual para a Terra. Algumas pessoas chamam a lua cheia seguinte, a de Gêmeos (com o sol em Sagitário), de o Dia da Invocação Mundial.

LUA CHEIA
30 minutos

— Preparação (página 103).
— Seqüência de relaxamento (página 28).
— Visualize a lua cheia.
— Pausa.
— Concentre-se nas palavras seguintes e no que elas significam para você. Deixe que qualquer pensamento, sentimento ou imagem aflore em você.
Ação. Pausa.
Satisfação. Pausa.
Realização. Pausa.

Perfeição. Pausa.

— Agora, torne-se consciente do fluxo de luz, de amor e de cura que emana do sol e é refletido da lua para a Terra.

— Pausa.

— Concentre-se na compaixão, ou em qualquer aspecto do planeta que esteja necessitando de ajuda.

— Pausa.

— Faça com que um fluxo de luz, de amor e de cura se irradie para esses aspectos.

— Pausa.

— Agradeça ao espírito da lua.

— Pausa.

— Concentre-se novamente na sua respiração, no seu corpo e na sala em que está meditando. Quando estiver pronto, abra os olhos.

A época da lua cheia é ideal para meditar sobre situações e atividades do mundo exterior, enquanto a lua nova é a época de se dedicar à quietude interior, à contemplação e ao planejamento. Na Astrologia, a lua cheia representa o auge da atividade, da realização e da conclusão, enquanto a lua nova é um símbolo para se liberar o velho e um convite para o novo. A lua nova ocorre quando sol e lua estão alinhados no mesmo lado da Terra. Nenhum raio solar pode ser refletido na superfície da lua, que parece escura. Por três noites, a lua desaparece do céu.

LUA NOVA
30 minutos

— Preparação (página 103).

— Seqüência de relaxamento (página 28).

— Visualize um céu noturno sem luar.

— Pausa.

— Concentre-se nas palavras seguintes e no que elas significam para você. Deixe que qualquer pensamento, sentimento ou imagem aflore em você.

Princípios. Pausa.

Nascimento. Pausa.

Novas oportunidades. Pausa.

Esperando o retorno. Pausa.

— Medite sobre as circunstâncias de sua vida que você sobrepujou e das quais não precisa mais.

— Pausa.

— Convide o novo em seu ser e contemple o que isso significará para você no futuro. Faça seus planos.

— Pausa.

— Agradeça ao espírito da lua.

— Pausa.

— Concentre-se novamente na sua respiração, no seu corpo e na sala em que está meditando. Quando estiver pronto, abra os olhos.

O sol e as estações

Vamos agora falar sobre as quatro celebrações principais do ano, marcadas pela passagem do sol pelas quatro estações. No equinócio da primavera, o sol está exatamente acima do Equador, e os períodos do dia e da noite são iguais. O sol entra no signo de Áries e, nesse período, embora haja um equilíbrio entre o dia e a noite, as forças do dia se intensificam rapidamente, anunciando a repentina explosão de vida nova enquanto desabrocham as flores da primavera.

EQUINÓCIO DA PRIMAVERA
30 minutos

— Preparação (página 103).

— Seqüência de relaxamento (página 28).

— Veja com os olhos da mente uma semente. Observe a semente germinar. Observe como ela finca suas raízes, fazendo então emergir seus brotos.

— Pausa.

— Concentre-se nas palavras seguintes e no que elas significam para você. Deixe que qualquer pensamento, sentimento ou imagem aflore em você.

Manifestação. Pausa.

Sinta o espírito da manifestação. Pausa.

Nascimento. Pausa.

Sinta o espírito do nascimento. Pausa.

Oportunidade. Pausa.

Sinta o espírito da oportunidade. Pausa.

— Perceba esses fatores atuando na sua vida. Eles também estão atuando no mundo exterior e são aquilo que as forças da primavera trazem do sol para a Terra.

— Pausa.

— Agradeça ao espírito do sol.

— Pausa.

— Concentre-se novamente na sua respiração, no seu corpo e na sala em que está meditando. Quando estiver pronto, abra os olhos.

No solstício de verão, o sol está no ponto extremo norte, no Trópico de Câncer; os dias são mais longos e as noites, mais curtas. O sol entra no signo zodiacal de Câncer e, de agora em diante, os dias serão cada vez mais curtos e as noites, mais longas. Essa é a época do calor, quando o verão está em pleno apogeu — as flores e as colheitas atingem o auge de sua força e cor.

SOLSTÍCIO DO VERÃO
30 minutos

— Preparação (página 103).

— Seqüência de relaxamento (página 28).

— Visualize-se num campo, num cálido dia de verão. Aceite todas as coisas que vê, os sons e os cheiros.

— Pausa.

— Concentre-se nas palavras seguintes e no que elas significam para você. Deixe que qualquer pensamento, sentimento ou imagem aflore em você.

Luz. Pausa.
Sinta o espírito da luz. Pausa.
Calor. Pausa.
Sinta o espírito do calor. Pausa.
Beleza. Pausa.
Sinta o espírito da beleza. Pausa.
Abundância. Pausa.
Sinta o espírito da abundância. Pausa.

— Torne-se consciente desses fatores atuando na sua vida. Eles também estão atuando no mundo exterior e são aquilo que as forças do verão trazem do sol para a Terra.

— Pausa.

— Agradeça ao espírito do sol.

— Pausa.

— Concentre-se novamente na sua respiração, no seu corpo e na sala em que está meditando. Quando estiver pronto, abra os olhos.

No equinócio de outono, o sol está mais uma vez exatamente sobre o Equador, e os dias e as noites são de igual duração; porém os dias começam a ficar mais curtos e as forças da noite começam a aumentar. O sol entra no signo de Libra. Essa é a época da colheita outonal e de ação de graças pela safra e pelos frutos de verão; é um tempo para desviar nossa atenção dos dias quentes e luminosos de verão, em preparação para os meses de inverno que vão chegar.

EQUINÓCIO DO OUTONO
30 minutos

— Preparação (página 103).

— Seqüência de relaxamento (página 28).

— Veja a si mesmo caminhando por um campo, fazendo uma colheita — não com um maquinário moderno, mas como se costumava fazer muito tempo atrás. Existem outras pessoas com você, todas trabalhando arduamente na lavoura.

— Pausa.

— Concentre-se nas palavras seguintes e no que elas significam para você. Deixe que qualquer pensamento, sentimento ou imagem aflore em você.

Colheita. Pausa.
Sinta o espírito da colheita. Pausa.
Comunidade. Pausa.
Sinta o espírito de comunidade. Pausa.
Conclusão. Pausa.
Sinta o espírito da conclusão. Pausa.

— Torne-se consciente desses fatores atuando na sua própria vida. Eles também estão atuando no mundo exterior, e são aquilo que as forças do outono trazem do sol para a Terra.

— Pausa.

— Agradeça ao espírito do sol.

— Pausa.

— Concentre-se novamente na sua respiração, no seu corpo e na sala em que está meditando. Quando estiver pronto, abra os olhos.

No solstício de inverno, o sol está no ponto extremo sul, sobre o Trópico de Capricórnio. As noites são mais longas, os dias mais curtos. O sol entra no signo de Capricórnio e, de agora em diante, o período diurno irá aumentar e as noites diminuirão. Esse é o tempo em que as forças da natureza estão repousando, hibernando. Mas, mesmo no rigor do inverno, a nova vida se agita sob o solo. É a hora em que a natureza "inspira" — a respiração é contida, mas está a ponto de se soltar.

SOLSTÍCIO DO INVERNO
30 minutos

— Preparação (página 103).

— Seqüência de relaxamento (página 28).

— Veja a si mesmo no meio de uma floresta. Sinta o rigor do inverno. Pare, olhe e ouça. Esteja consciente de que embora tudo pareça estar dormindo, esse é um estado de vitalidade. A energia da terra está contida. Existe uma pausa na atividade mas é uma pausa cheia de potencial acumulado para o futuro.

— Pausa.

— Concentre-se nas palavras seguintes e no que elas significam para você. Deixe que qualquer pensamento, sentimento ou imagem aflore em você.

Luz. Pausa.
Sinta o espírito da luz. Pausa.
Calor. Pausa.
Sinta o espírito do calor. Pausa.
Beleza. Pausa.
Sinta o espírito da beleza. Pausa.
Abundância. Pausa.
Sinta o espírito da abundância. Pausa.

— Torne-se consciente desses fatores atuando na sua vida. Eles também estão atuando no mundo exterior, e são aquilo que as forças do inverno trazem do sol para a Terra.

— Pausa.

— Agradeça ao espírito do sol.

— Pausa.

— Concentre-se novamente na sua respiração, no seu corpo e na sala em que está meditando. Quando estiver pronto, abra os olhos.

Festas do fogo

Há quatro outras datas festivas que costumavam ser amplamente celebradas todos os anos, podendo ser marcadas com uma cerimônia de meditação. As pessoas estão ficando cada vez mais conscientes do seu significado. São as festas do fogo, que marcam os quatro dias do ano em que eram celebradas as festas da antiga tradição pagã celta, da Europa Ocidental. Essas festas reconhecem e celebram nossa relação com a terra e com as forças espirituais invisíveis que atuam ao longo do ano. Elas chamam-se: Imbolc, em 31 de janeiro; Beltane, em 30 de abril; Lammas, em 31 de julho; e Samhain, em 31 de outubro. Os princípios celebrados são o do despertar (Imbolc), o do crescimento (Beltane), o da colheita (Lammas) e o do descanso (Samhain).

O conhecimento da história dessas festividades irá ajudá-lo nas suas meditações, pois ela explica o significado mais profundo dessas datas. Seu ciclo nos liga mais à lua que ao sol e, assim, ao aspecto feminino da alma humana. As festas do fogo ritualizaram quatro facetas das forças terrenas femininas, cada uma vinculada a um determinado ciclo da lua.

O ano lunar tinha treze meses de mais ou menos 28 dias por ciclo de lunação (de lua nova a lua nova). Cada quarto de ano consistia em três meses lunares inteiros mais um quarto de mês. Essas festividades, portanto, ocorriam em diferentes fases da lua: lua nova, primeiro quarto da lua, lua cheia e segundo quarto da lua. Na Era Cristã, quando se adotou o calendário com base no ciclo solar, ficou estabelecido que essas festividades seriam determinadas pelo ciclo do sol, desligando-se dessa maneira das fases da lua e perdendo seu significado pagão original. As datas festivas foram marcadas para cerca de quarenta dias após as festividades do solstício e do equinócio, e caíam nas vésperas (isto é, na noite anterior) do dia 1º dos meses de novembro, fevereiro, maio e agosto.

Volto a mencionar que, para efeito de meditação, essas festividades podem ser comemoradas por uma só pessoa ou em grupo. Elas também oferecem uma oportunidade para a realização de uma cerimônia ao ar livre, talvez acendendo uma fogueira depois da meditação, o que irá assinalar a consciência do seu papel em cooperar com as forças da natureza, da terra e do cosmos. Convide seus amigos para celebrarem com você e ofereça comidas e bebidas como parte da sua celebração.

Imbolc é o primeiro dia da primavera celta e sua idéia fundamental é "despertar". Atualmente o Imbolc coincide com a festa da Candelária no calendário cristão, e é uma data em que se acende e se deixa queimar uma luz nova no início de cada sessão. A festa da Candelária é uma forma cristianizada de um tempo consagrado a Brigit ou Bride, a face jovem e feminina da deusa ligada à fase do primeiro quarto da lua. Nesse período, há sinais de agitação na natureza.

IMBOLC (VÉSPERA DA FESTA DA CANDELÁRIA, 31 DE JANEIRO)
30 minutos

— Preparação (página 103).

— Seqüência de relaxamento (página 28).

— Veja com os olhos da mente a imagem de uma labareda e medite sobre ela.

— Pausa.

— Concentre-se nas palavras seguintes e no que elas significam para você. Deixe que qualquer pensamento, sentimento ou imagem aflore em você.

— Despertar. Pausa.

— Sinta o espírito do despertar. Pausa.

— Deixe que as forças do despertar venham até você. Abra-se para elas e deixe que elas o envolvam.

— Pausa.

— Esse é o momento de tomar decisões e de oferecer dedicação e presentes como uma forma de contribuir com as forças da natureza, à medida que elas tornam a se concentrar, como fazem todo ano.

— Qual é a sua decisão? Pausa.

— Deixe que ela surja em sua consciência. Pausa.

— Que presente você pode oferecer? Pausa.

— Deixe que ele emerja na sua consciência. Pausa.

— Agradeça mais uma vez à figura da chama e à sua luz diante de você.

— Pausa.

— Concentre-se novamente na sua respiração, no seu corpo e na sala em que está meditando. Quando estiver pronto, abra os olhos.

Beltane é o precursor do mês de maio, quando todo o difícil trabalho de preparação foi concluído e as forças do crescimento estão atuando. A tônica é "crescimento" e a atenção é voltada para a cooperação e para a proteção ininterruptas a fim de assegurar que esse crescimento seja bem-sucedido. É um tempo para expressar a gratidão por se estar recebendo essa cooperação. Beltane, na véspera do 1º de Maio, refere-se à deusa fecundada e, por isso está relacionado com a fertilidade. Também é associado à lua cheia.

BELTANE (30 DE ABRIL/1º DE MAIO)
30 minutos

— Preparação (página 103).

— Seqüência de relaxamento (página 28).

— Veja com os olhos da mente uma chama começando a arder. Então, medite sobre ela.

— Pausa.

— Concentre-se nas palavras seguintes e no que elas significam para você. Deixe que qualquer pensamento, sentimento ou imagem aflore em você.

— Crescimento. Pausa.

— Sinta o espírito do crescimento. Pausa.

— Esse é o momento de buscar cooperação e proteção, para que as forças responsáveis pela fertilidade possam continuar seu trabalho. Abra-se para a cooperação. Pausa.

Peça proteção.

Medite sobre o significado e a função da fertilidade, em você e na natureza. Pausa.

— Agradeça, enquanto observa mais uma vez a chama e a sua luz diante de você.

— Pausa.

— Concentre-se novamente na sua respiração, no seu corpo e na sala em que está meditando. Quando estiver pronto, abra os olhos.

Lammas acontece no início da estação da colheita. Sua tônica é a colheita e está associada com o processo de amadurecimento e frutificação. Os fogos da ação de graças são acesos mais uma vez para celebrar a deusa-mãe, que dá luz ao seu fruto. A fase da lua com que ele está associado é o terceiro quarto.

LAMMAS (31 DE JULHO/1º DE AGOSTO)
30 minutos

— Preparação (página 103).
— Seqüência de relaxamento (página 28).
— Veja com os olhos da mente o surgimento de uma chama. Então, medite sobre ela.
— Pausa.
— Concentre-se nas palavras seguintes e no que elas significam para você. Deixe que qualquer pensamento, sentimento ou imagem aflore em você.
— Colheita. Pausa.
— Sinta o espírito da colheita. Pausa.
— Essa é a época do amadurecimento, da frutificação e da preparação para a colheita. Abra-se para as forças do amadurecimento e do frutificar, para que elas possam atuar através de você e também no mundo.
— Pausa.
— Medite sobre o processo de amadurecimento.
— Pausa.
— Agradeça, enquanto mais uma vez observa a chama e a sua luz diante de você.
— Pausa.
— Concentre-se novamente na sua respiração, no seu corpo e na sala em que está meditando. Quando estiver pronto, abra os olhos.

Samhain costuma ser celebrado nos dias de hoje como Halloween, a noite em que se abre uma passagem para o "outro mundo" e diz-se que a comunicação com os espíritos da morte é possível. Essa superstição tem mantido o significado original do festival Samhain do fogo, cuja tônica é o descanso. Chegando no final do ciclo da agricultura, ele na verdade marca o início do Ano Novo celta. Os espíritos da natureza agora se retiram e iniciam um período de repouso e de contemplação interior. Essa é a véspera de Hécate, a face anciã da deusa, associada com a lua nova.

SAMAHAIN (HALLOWEEN — 31 DE OUTUBRO/1º DE NOVEMBRO)
30 minutos

— Preparação (página 103).
— Seqüência de relaxamento (página 28).
— Veja com os olhos da mente o brilho de uma chama. Então, medite sobre ela.
— Pausa.
— Concentre-se nas palavras seguintes e no que elas significam para você. Deixe que qualquer pensamento, sentimento ou imagem aflore em você.
— Repouso. Pausa.
— Sinta o espírito do repouso. Pausa.
— Esse é um momento de reflexão sobre o passado e de preparação para o futuro. É tempo de "colher" as próprias forças, que podem então repousar e se regenerar; é uma preparação para o novo ciclo. Medite sobre a finalidade do repouso.
— Pausa.
— Agradeça, enquanto mais uma vez observa a chama e a sua luz diante de você.
— Pausa.
— Concentre-se novamente na sua respiração, no seu corpo e na sala em que está meditando. Quando estiver pronto, abra os olhos.

Assim se concluem as meditações das festas do fogo. Há muitas oportunidades para nos reunirmos em grupo e meditarmos sobre nós mesmos, baseando-nos nas considerações que acabaram de ser apresentadas. Por exemplo, pode-se planejar uma meditação em família para comemorar as datas festivas ou mesmo para celebrar nascimentos, casamentos e mortes. Você também pode escolher algumas festividades que estejam de acordo com a sua crença ou com os seus valores, independentemente do fato de praticar ou não uma religião em particular, e meditar sobre essas datas comemorativas. Ainda que eu não seja um cristão praticante no sentido tradicional e não freqüente cerimônias religiosas, vejo boas razões para celebrar as festividades da Páscoa e do Natal, por exemplo. Seu espírito é universal, e é por isso que a meditação nessas ocasiões promove um sentimento de universalidade, de pertencer a um grupo, de participação.

No início deste capítulo, expliquei como as festividades e as mudanças naturais do ano estão ligadas com o movimento do sol e da lua, à medida que eles se movem pelo Zodíaco. No Capítulo 6, examinaremos mais detalhadamente esse movimento por meio das doze meditações sobre os signos do Zodíaco.

6

Meditações sobre o zodíaco

Doze tipos de personalidade

Uma das razões mais importantes para se meditar é conhecer melhor a si mesmo — descobrir suas forças e fraquezas e, particularmente, suas necessidades. Um método que pode mostrar-se muito eficiente diz respeito aos tipos de personalidade associados com os doze signos do Zodíaco.

Logo que surgiu a Astrologia, no tempo dos antigos sacerdotes astrônomos da Babilônia, tentou-se organizar um calendário preciso, baseado no movimento sazonal do sol, através do que agora chamamos de signos do Zodíaco. Desde essa época, o Zodíaco era dividido em doze signos, cada um deles com uma personalidade própria. Assim, o Zodíaco representa uma relação perfeita entre o mundo interior da personalidade humana e o mundo exterior da natureza e seu ciclo anual.

Uma história cíclica é contada por uma jornada através do Zodíaco, começando em Áries e terminando em Peixes. Para dar continuidade ao Capítulo 5, em que falamos da conscientização da nossa relação com os padrões cíclicos da natureza, vamos agora fazer essa jornada pelo Zodíaco. Descreverei cada uma das doze personalidades, de forma que você possa usar essas descrições como base para a meditação e para aprender mais sobre essas partes do seu eu — da sua personalidade.

Embora normalmente nos identifiquemos com um determinado signo do Zodíaco, aquele no qual o sol estava posicionado na hora do nosso nascimento, todos temos um pouco de cada signo, em maior ou menor grau. Não suponha, por exemplo, que você se identificará com apenas um dos doze tipos que vou descrever. Você começará, porém, a fazer uma idéia das suas características mais proeminentes e começará a se reconhecer como taurino, sagitariano, pisciano e assim por diante. Para se conhecer a fundo, você terá de identificar em si mesmo traços de cada signo e ver como todos eles atuam.

Cada signo do Zodíaco tem afinidades ou correspondências especiais com algumas partes do corpo, com certas profissões, com diferentes atividades e objetos de todos os tipos, incluindo cores e pedras preciosas. Cada signo também está associado a um planeta em particular. Na mitologia, as personalidades foram associadas aos planetas e estes serão assunto das meditações e das jornadas interiores do Capítulo 7.

Da astrologia à psicologia

Atualmente a Astrologia tradicional é considerada por muitas pessoas como algo ultrapassado, sem nenhuma relevância para a sociedade secular e materialista em que vivemos. Parece engraçado afirmar que os planetas e as estrelas podem emitir algum tipo de raio que controle a nossa vida diária, por exemplo, e, embora alguns astrólogos ainda acreditem que nosso destino está escrito nas estrelas, a Astrologia praticamente deixou de ser considerada um estudo sério depois da ascensão da ciência e do racionalismo. Mas, embora poucas pessoas dêem crédito à Astrologia, ela ainda é um assunto em voga, pois a maioria dos jornais e muitas revistas têm uma seção de horóscopo.

Contudo, a Astrologia levada a sério está fazendo seu reaparecimento, embora de uma forma diferente. O crescente interesse pela psicologia neste século XX é em parte responsável por isso, e Carl Jung, criador da psicologia analítica ou "profunda", é sempre citado como alguém que exerceu certa influência nesse desenvolvimento. Em vez de voltar sua atenção para as estrelas e planetas, buscando compreender como nossa vida é influenciada por nosso lugar no universo, a Astrologia começou a se voltar para a psique humana, a explorar o seu universo interior. Isso é precisamente o que estamos fazendo por meio da experiência da meditação.

Quando você medita e analisa os signos do Zodíaco, você está explorando seu universo interior. As descrições que seguem podem ser usadas como base para as meditações nas quais você pode visualizar as características de cada signo ou pensar a respeito das que se adaptam à sua personalidade. Cada descrição começará relacionando o signo do zodíaco com o ciclo anual da natureza. A seguir, serão apresentados os aspectos psicológicos e as qualidades principais daquele signo.

Áries

O sol está em Áries entre 20 de março e 20 de abril. No ciclo anual, Áries contém toda a força latente do ano anterior, é a semente germinando para o ano vindouro e dando origem a tudo na natureza. O *símbolo* de Áries é a cabeça de um carneiro, e seu *planeta regente* é Marte. Áries é um signo de Fogo e o primeiro signo no círculo do Zodíaco. Simboliza o reinício.

As *palavras-chave* associadas a Áries são: impulsivo, pioneiro, espontâneo, direto, decidido, vigoroso, imprudente, corajoso, de opinião, presunçoso e compreensivo. As qualidades *físicas* de Áries são: pescoço longo, rosto ossudo ou fino, têmporas largas, queixo estreito, olhos cinza ou castanho-acinzentados e cabelos lisos — às vezes cor de areia, às vezes bem escuros. As qualidades *mentais* são: ambição, coragem, impulsividade, desejo de estar em evidência, caráter empreendedor, engenhosidade e audácia. A *personalidade* de Áries é cheia de energia e entusiasmo, especialmente com relação a novos projetos e idéias. As respostas de Áries são puramente instintivas, com pouca reflexão sobre as conseqüências daquilo que diz ou faz. Sua marca registrada é a realização das metas, porém à custa de outras pessoas. Áries é pioneiro e um líder enérgico. É ingênuo, convincente, e não costuma pensar nas conseqüências dos seus atos. Sempre inicia vários projetos, mas dificilmente os conclui. Áries é um espírito impetuoso e jovem. *Tipo*: o pioneiro.

Áries rege o cérebro, a cabeça e todos os principais órgãos a ela associados, especialmente os olhos. As *pedras* desse signo são o heliotrópio, o coral, o diamante e todos os minerais de tom avermelhado. Áries também está associado à *cor* vermelha.

Touro

O sol está em Touro entre 20 de abril e 21 de maio. No ciclo anual, Touro começa a dar forma à nova vida que emergiu em Áries. Fincam-se as raízes que irão garantir a sobrevivência pelo resto do ciclo anual. O *símbolo* de Touro é o animal do mesmo nome e seu *planeta regente* é Vênus. Touro é um signo da Terra e o segundo signo do círculo do Zodíaco. Simboliza os alicerces.

As *palavras-chave* associadas a Touro são: constante, leal, confiável, determinado, forte, prático, compreensivo, cortês, produtivo, teimoso, sensual e altivo. As qualidades *físicas* de Touro são: pescoço e ombros fortes, semblante pensativo, narinas e lábios cheios, cabelo encaracolado ou ondulado, fronte ampla, olhos escuros e queixo pronunciado. As qualidades *mentais* são: caráter amoroso, passional, determinado, laborioso, paciente, orgulhoso e obstinado.

A *personalidade* de Touro pode expressar grande força de propósito, lealdade e determinação. Em sua forma negativa, pode ser desastrado. Por outro lado, o nativo de Touro geralmente tem grande sensibilidade à beleza, seja em relação à natureza ou às artes. Touro geralmente é realista, estável e convincente. Tem senso prático e se interessa por valores, sejam materiais, artísticos ou espirituais. Touro tanto pode ser teimoso como confiável e corajoso. Está sempre preocupado em estabelecer bases sólidas. *Tipo*: o pragmático.

Touro rege o pescoço, a garganta e os ouvidos; tem também uma certa afinidade com as glândulas linfáticas. A glândula tireóide está também sob influência desse signo. As *pedras* relacionadas a Touro são: safira, esmeralda e topázio. A *cor* desse signo é verde.

Gêmeos

O sol está em Gêmeos entre 21 de maio e 21 de junho. No ciclo anual, Gêmeos representa a época em que o verão se anuncia. A natureza está em pleno apogeu, chegando ao ápice da sua atividade externa. O *símbolo* de Gêmeos é um par de gêmeos e seu *planeta regente* é Mercúrio. Gêmeos é um signo de Ar e o terceiro signo no círculo do Zodíaco. Simboliza a comunicação.

As *palavras-chave* são: intelectual, versátil, comunicativo, caprichoso, analítico, hábil, adaptável, excitável, impulsivo, inquieto. As qualidades *físicas* de Gêmeos são: alto, esbelto e elegante; dedos longos, nariz reto, testa ampla, rosto afilado e geralmente olhos expressivos. As qualidades *mentais* são: erudição, dom para trabalhos manuais, inventividade, curiosidade, sutileza, eloqüência na fala e na escrita, e muita atividade mental.

A *personalidade* de Gêmeos aproveitará com entusiasmo qualquer oportunidade que se apresente. Gêmeos, hábil para analisar e classificar informações de todo tipo, faz isso de uma maneira intelectual. Gêmeos se distrai facilmente, como um gato que começa a fazer algo e então, de repente, tem sua atenção desviada. A personalidade de Gêmeos é volúvel, despreocupada e versátil, constantemente se informando dos fatos e transmitindo-os aos outros. Gêmeos é habilidoso e criativo, mas deixará a cargo dos outros as questões mais práticas. *Tipo:* o pesquisador.

Gêmeos rege as mãos, os braços e os pulmões. As *pedras* desse signo são: berilo, ágata, granada, topázio, água-marinha, mármore, crisolita e todas as pedras listradas. Gêmeos está associado à *cor* amarela.

Câncer

O sol está em Câncer entre 21 de junho e 23 de julho. No ciclo anual, o crescimento está concluído e começa, com o solstício de verão, um período de consolidação que sucede a onda de vida da primavera. A força do ciclo anual é contida e suavizada. O *símbolo* de Câncer é o caranguejo. Nos primeiros tempos da Astrologia, ele foi representado por uma tartaruga (Babilônia) e por um escaravelho (Egito). O *planeta regente* de Câncer é a Lua. Câncer é um signo de Água e o quarto signo no círculo do Zodíaco. Simboliza o cuidado amoroso para com os outros.

As *palavras-chave* desse signo são: emotivo, melancólico, tenaz, protetor, sociável, insensível a críticas, simpático, impressionável, mediúnico e ligado à família. As qualidades *físicas* de Câncer são: testa grande, peito largo, corpo arredondado, e um andar estudado, às vezes gingado ou ondulante; sua figura em geral é mais encorpada na parte superior; as mãos e os pés são pequenos e os olhos, acinzentados. As qualidades *mentais* são: mutável, com espírito andarilho, ambicioso, propenso à vida pública, prudente, solidário, cheio de imaginação e romântico.

A *personalidade* de Câncer estará sempre disposta a ouvir e a oferecer um ombro amigo para se chorar. Nunca encarando os problemas de frente, Câncer procurará uma forma de contornar a situação. Sempre mantém e defende com ardor suas decisões e suas juras de lealdade. Todas as suas atividades são baseadas em sentimentos e emoções, por isso costuma ter faculdades mediúnicas. Câncer é a mãe protetora arquetípica, que oferece um lar seguro, um ambiente agradável e apoio. É suave e receptivo, obstinado, especialmente ao se defender. *Tipo*: a mãe.

Câncer rege os seios e o peito. As *pedras* regidas por Câncer são selenita, pérola, esmeralda, turquesa, ônix e todas as pedras brancas de menor dureza. Esse signo está associado à *cor* azul.

Leão

O sol está em Leão entre 23 de julho e 23 de agosto. No ciclo anual, Leão representa o ápice da força vital criativa quando o verão está no seu apogeu e pode demonstrar os resultados de seus esforços criativos. O *símbolo* de Leão é o animal do mesmo nome e seu *planeta regente* é o Sol. Leão é um signo de Fogo e o quinto signo no círculo do Zodíaco. Simboliza a criatividade.

As *palavras-chave* são: bom líder, leal, orgulhoso, forte, criativo, teatral, expansivo, arrogante, corajoso, sincero, egoísta e hedonista. As qualidades *físicas* de Leão são: forte, ombros largos, andar imponente, expressão jovial, olhar intrépido, geralmente de um matiz cinza, e cabelo ondulado. As qualidades *mentais* são: fiel, orgulhoso, destemido, ambicioso, generoso, tem dons artísticos, tem aversão a grupinhos e a segredos, é indiferente aos inimigos, é animado e emotivo.

A *personalidade* de Leão pode ser o melhor dos amigos e o pior dos inimigos — é extremamente leal aos amigos, mas não se preocupa em se reconciliar com os inimigos. Características como liderança, brilho e uma queda pelo teatral podem fazer de Leão uma criatura adorável ou uma dor de cabeça, dependendo do nosso ponto de vista. A personalidade de Leão comporta-se como um ator e pode desempenhar um papel com perfeição, desde que receba o reconhecimento e a admiração da platéia. Leão adora ter amigos e demonstra lealdade e entusiasmo, contanto que receba o mesmo em troca. Tem dificuldade para se adaptar aos outros e precisa fazer tudo à sua própria maneira. *Tipo*: o ator ou atriz.

Leão rege o coração, o sangue e a circulação. As *pedras* regidas por Leão são: rubi, diamante, ouro, crisolita e todos os minerais amarelos de menor dureza. Ele é associado à *cor* laranja.

Virgem

O sol está em Virgem entre 23 de agosto e 23 de setembro. No ciclo anual, Virgem representa a época que antecede a colheita, quando o fruto está amadurecendo sob o sol de verão. Virgem representa a fecundidade da terra, o cumprimento desse propósito. O *símbolo* de Virgem é a virgem, tradicionalmente retratada carregando um feixe de trigo. Seu *planeta regente* é Mercúrio. Virgem é um signo de Terra e o sexto signo no círculo do Zodíaco. Simboliza a prestação de serviço.

As *palavras-chave* são: perfeccionista, produtivo, organizado, crítico, modesto, generoso, independente, indeciso, superficial, nervoso e prático. As qualidades *físicas* de Virgem são: testa ampla, cabelos geralmente jogados para trás e caindo sobre as orelhas, tendência à calvície, olhos acinzentados ou azuis, nariz afilado, ombros largos, andar ligeiro e tom de voz baixo. As qualidades *mentais* são: instruído, sempre em busca de conhecimentos, metódico, apreciador das artes e da literatura, benevolente, interessado pelo oculto, gosta de colecionar, crítico e preciso.

Na *personalidade* de Virgem dois extremos podem ser representados — demonstra um caráter meticuloso com relação aos hábitos e à aparência, ou é exatamente o oposto. A personalidade de Virgem não se sobressai e é humilde à primeira vista, apesar dos trabalhos importantes e sérios que realiza. Virgem conta com os frutos de seu trabalho, mas não espera reconhecimento. Os métodos de Virgem podem parecer perfeccionistas demais, porém garantem bons resultados. A personalidade de Virgem distribui tarefas da forma mais prática possível e esquece suas próprias necessidades para satisfazer as dos outros. Virgem pode mostrar grande discernimento e atenção aos detalhes, mas pode ser excessivamente crítico e detalhista. Ele se incumbirá da maior parte do trabalho, não importa quão prosaicos e inglórios eles sejam. *Tipo*: o serviçal.

Virgem rege os intestinos, o estômago e o sistema digestivo. As *pedras* regidas por Virgem são: jaspe, topázio, água-marinha e sílex. Ele está associado à *cor* amarela.

Libra

O sol está em Libra entre 23 de setembro e 23 de outubro. No ciclo anual, Libra representa o ponto de equilíbrio do ano, quando os dias e as noites têm igual duração e a Terra começa a se preparar mais uma vez para os meses frios de inverno que vêm pela frente. A colheita termina e pode ser repartida para benefício de todos. O *símbolo* de Libra é a balança e seu *planeta regente* é Vênus. Libra é um signo de Ar e o sétimo signo no círculo do Zodíaco. Simboliza o equilíbrio.

As *palavras-chave* são: gosta de se relacionar, mediador, bom amante, bom companheiro, sociável, requintado, descomprometido, diplomático, bonito, cortês, charmoso e indeciso. As qualidades *físicas* de Libra são: alto, elegante, propenso a ganhar peso quando está no auge da vida; olhos azuis e pele fina, que se torna corada ou sardenta na maturidade; cabelo castanho, de textura fina, dentes e unhas fortes; tipo grego. As qualidades *mentais* são: simpático e de natureza delicada, de temperamento alegre; gosta de estar em evidência e de ser aceito pelos outros; justo, persuasivo, propenso a imitar os outros, artístico, asseado, ordeiro e amoroso, porém também volúvel.

A característica dominante da *personalidade* de Libra é a necessidade de harmonia, especialmente nos relacionamentos. Libra fará o possível para conseguir isso, sem se comprometer com nenhum ponto de vista. Beleza e bom gosto em todas as esferas da vida são uma prioridade. Os signos de Áries a Virgem estão na esfera "pessoal" do Zodíaco e seus interesses estão principalmente relacionados com o eu. Libra é o primeiro dos seis signos "sociais" e mostra uma habilidade natural nessa área. A personalidade de Libra é o tipo diplomata, justiceiro, ávido para satisfazer os interesses de todos e promover a harmonia nos relacionamentos. É conhecido por sua habilidade em avaliar prós e contras, antes de tomar decisões baseadas na razão. Libra é sociável e casamenteiro. Não é agressivo nos relacionamentos, sabendo quando tomar ou não a iniciativa. *Tipo*: o anfitrião cordial.

Libra rege os rins e a região lombar. As *pedras* regidas por Libra são: mármore branco, quartzo branco, opala, alabastro, berilo, crisolita e jade branco. É associado com a *cor* índigo.

Escorpião

O sol está em Escorpião entre 23 de outubro e 22 de novembro. No ciclo anual, Escorpião é a época em que a natureza morre ou parece fenecer. Toda energia vital é devolvida à terra, pronta para o processo de regeneração. Em muitos aspectos, esse é o final do ano e, portanto, o início do próximo. O *símbolo* de Escorpião é a figura do escorpião (e também a águia e o pombo), e seu *planeta regente* é Plutão (tradicionalmente, Marte). Escorpião é um signo de Água e o oitavo no círculo do Zodíaco. Simboliza a morte e a regeneração.

As *palavras-chave* são: transformador, carismático, poderoso, magnético, manipulador, difícil, inspirador, capaz de curar e sedutor. As qualidades *físicas* de Escorpião são: compleição escura ou parda, cabelo escuro ondulado, traços aquilinos, fronte proeminente e rosto anguloso. As qualidades *mentais* são: audácia, autoconfiança; espírito competitivo, gosta de ser colocado à prova, sarcasmo, força de vontade, impulsividade e determinação; obsessividade e perspicácia. Escorpião também não é fácil de ser subjugado, mas às vezes é capaz de fazer imposições; freqüentemente tem um gosto pelo mistério.

Personalidade de Escorpião: a intensidade de expressão emocional representada por esse signo resulta em paixão, que pode ser facilmente usada para o bem ou para o mal. Escorpião é capaz de influenciar os outros e dominará pelo seu carisma. A força de suas emoções pode ser reprimida, dando-lhe um ar misterioso. O tipo Escorpião se interessa pelas profundezas ocultas, com o que está sob as aparências e é impulsivo e obstinado. Tem interesse pelo oculto, pelo secreto. Escorpião sempre perceberá mais numa situação do que é visível na superfície, e é capaz de regenerar tudo o que toca. *Tipo*: a pessoa que busca o poder.

Escorpião rege os órgãos sexuais. As *pedras* relacionadas com Escorpião são: rubi, topázio, malaquita, jaspe e vermilon. É associado à *cor* vermelha.

Sagitário

O sol está em Sagitário entre 22 de novembro e 22 de dezembro. No ciclo anual, Sagitário é a época dos dias curtos e das noites longas, quando o solstício de inverno se aproxima — um tempo mais de contemplação do que de ação. A natureza se aquieta e toda atividade cessa em preparação para os rigores do inverno. O *símbolo* de Sagitário é o centauro, criatura metade homem, metade animal, retratada como um arqueiro. Seu *planeta regente* é Júpiter. Sagitário é um signo de Fogo e o nono signo no círculo do Zodíaco. Simboliza a busca pelo sentido da vida.

As *palavras-chave* são: dado a filosofar, expansivo, jovial, mente aberta, estudioso, aventureiro, espírito esportivo, amante da liberdade, propenso ao exagero, pouco prático, crítico e direto. As qualidades *físicas* de Sagitário são: alto, bem-feito de corpo, mas com ombros caídos; rosto fino e comprido; testa fina, arredondada; em geral, olhos acinzentados ou azuis, às vezes castanhos, mas sempre expressivos; boa compleição; freqüentemente calvo nas têmporas; apaixonado pelo atletismo. As qualidades *mentais* são: generoso, bem-humorado, justo, franco e um amigo leal; propenso à filosofia e à religião; eclético; não muito inclinado às ciências exatas; amante das viagens.

A *personalidade* de Sagitário sente-se à vontade com a filosofia e com o pensamento abstrato, e sente necessidade de desvendar mistérios cada vez mais profundos da vida. O conhecimento que isso lhe traz o torna um mestre inspirador, que se baseia em teorias pautadas nos frutos da experiência. Sagitário buscará isso de todas as maneiras possíveis, em suas atividades mundanas ou espirituais, geralmente levando-se ao excesso. Sagitário é a síntese da honestidade, desejando apenas iluminar as outras pessoas com revelações acerca da natureza da realidade. A personalidade sagitariana é otimista, aberta à experiência e à aventura. Nunca satisfeito com suas realizações, visa constantemente metas distantes e luta pelo inatingível. Gosta de se dedicar a grandes idéias ou projetos, geralmente aqueles sem fundamento prático. *Tipo*: o guia.

Sagitário rege o fígado, os quadris e as pernas. As *pedras* regidas por Sagitário são: turquesa, ametista, topázio, carbúnculo e todas as pedras que apresentem um misto de vermelho e verde. É associado à *cor* azul-claro.

Capricórnio

O sol está em Capricórnio entre 22 de dezembro e 20 de janeiro. No ciclo anual, Capricórnio é a passagem para o novo ano, começando no solstício de inverno. O *símbolo* de Capricórnio é a cabra, às vezes retratada como peixe-cabra ou cabra-do-mar. O *planeta regente* de Capricórnio é Saturno. É um signo de Terra e o décimo signo no círculo do Zodíaco. Capricórnio simboliza a edificação dos alicerces.

As *palavras-chave* são: metódico, persistente, humilde, tradicional, melancólico, trabalhador, organizado, ambicioso, oportunista, ditatorial, digno de confiança, leal, prudente, perseverante e responsável. As qualidades *físicas* de Capricórnio são: traços proeminentes; nariz longo, freqüentemente com a ponta curvada para dentro; lábios firmes, queixo forte, porém estreito; pescoço fino; cabelo fino e escuro. As qualidades *mentais* são: tem força de vontade, é determinado, muito ambicioso e gosta imensamente de estar no controle; é caprichoso, reservado, quieto e solitário, mas firme nos seus atos.

Uma característica significativa da *personalidade* de Capricórnio é que seus interesses pessoais nunca são colocados em primeiro lugar, quer no contexto político (o Estado é mais importante que o indivíduo), quer no nível profissional (tudo é feito em benefício da empresa e não das pessoas que nela trabalham). Mesmo nos relacionamentos pessoais, o comportamento do capricorniano é essencialmente pragmático e não deixa nada ao acaso. As metas são normalmente alcançadas pela persistência e pelo trabalho árduo, e não devido a algum tipo de inspiração. A personalidade capricorniana é do tipo que constrói impérios, que elabora sistemas e estruturas; é ambicioso, paternal e autoritário. O capricorniano fará com que as idéias dos outros sejam postas em prática — fará com que elas funcionem. O sucesso para Capricórnio vem no decorrer do tempo, não de um dia para o outro. Ele se preocupa em manter os valores tradicionais e irá pôr a marca da sua autoridade em todos os seus atos. O capricorniano é um grande empresário. *Tipo*: autoridade.

Capricórnio rege a pele, os ossos e os dentes. As *pedras* regidas por Capricórnio são: ônix, âmbar-negro, safira, carvão e todos os minerais negros ou acinzentados. Está associado com a *cor* verde.

Aquário

O sol está em Aquário entre 20 de janeiro e 18 de fevereiro. No ciclo anual, surge como o primeiro sinal do fim do ciclo astrológico. Há um outro signo depois dele, Peixes, mas, antes que este chegue, os rigores do inverno devem ser superados. O *símbolo* de Aquário é o aguadeiro. Aquário é conhecido como o signo da humanidade. Seu *planeta regente* é Urano (tradicionalmente, Saturno). Aquário é um signo de Ar e o décimo primeiro signo no círculo do Zodíaco. Simboliza a fraternidade.

As *palavras-chave* são: humanitário, idealista, revolucionário, inventivo, sociável, gregário, ansioso, influente, reformador, fanático, frio, altivo e intuitivo. As qualidades *físicas* de Aquário são: alto, robusto; elegante, compleição clara, olhos azuis, rosto oval. Este signo, que vem depois de Libra, está associado com a beleza física. As qualidades *mentais* são: gentil, humano, amante da música e da ciência, adepto das tendências humanitárias; costuma estar sempre cercado de amigos.

A *personalidade* de Aquário é o revolucionário do Zodíaco, cujos fins humanitários justificam os meios. Como se sente à vontade quando está em grupo, o aquariano faz tanto inimigos quanto amigos, pois fala francamente sobre os próprios ideais. A despeito de ter muitos amigos, o aquariano não se sente à vontade numa relação a dois e pode parecer frio e pouco emotivo. A personalidade aquariana tem uma afinidade maior com o povo em geral do que com os indivíduos. Tudo o que faz é em nome da humanidade. Aquário é o inovador, o excêntrico, o visionário e reformador social, com uma causa a promover; ele irá perseguir uma causa, um ideal político, até o fim. *Tipo*: o visionário.

Aquário rege os tornozelos, as panturrilhas e a circulação sangüínea. As *pedras* regidas por Aquário são: safira azul, pérola negra, obsidiana e ardósia. Está associado à *cor* laranja.

Peixes

O sol está em Peixes entre 18 de fevereiro e 20 de março. No ciclo anual, chegamos ao estágio final da história astrológica. O *símbolo* de Peixes são dois peixes e o seu *planeta regente* é Netuno (tradicionalmente, Júpiter). Peixes é um signo de Água e o décimo segundo e último signo no círculo do Zodíaco. Simboliza o sacrifício.

As *palavras-chave* são: auto-reflexivo, emocionalmente sensível, mediúnico, cheio de imaginação, inovador, cheio de inspiração, paranóico, costuma iludir a si mesmo, gosta de fazer experiências, desprendido e abnegado. As qualidades *físicas* de Peixes são: estatura pequena; corpo volumoso, mãos e pés pequenos, membros curtos, compleição escura. As qualidades *mentais* são: loquaz, jovial, inconstante, apaixonado, reticente em muitas coisas; difícil de se conhecer; geralmente disposto a manter uma vida dupla; perspicaz; versátil.

A *personalidade* de Peixes é de temperamento artístico. Vivendo de energia emocional, o pisciano pode ter uma idéia imprecisa da própria identidade, o que faz com que ele se sacrifique para o bem de todos ou, no lado negativo, desperdice suas capacidades e talentos, que sempre resultam em nada. Peixes é o místico e visionário; sua preocupação nunca é este mundo, mas o mundo que está além dos limites materiais. A personalidade pisciana é o tipo de pessoa que sonha com paz e amor; tem uma imaginação impressionável e hiperativa. O pisciano é um artista inspirado, cheio de imaginação, mas pouco prático. Com uma imaginação a ponto de ser fisicamente sensível, os piscianos geralmente têm dificuldade para discernir o real do imaginário. *Tipo*: o sonhador.

Peixes rege os pés e a glândula pituitária, às vezes citada como o "terceiro olho". As *pedras* regidas por Peixes são: crisolita, coral, pedra-pomes, topázio e ametista. Está associado à *cor* magenta.

7

Jornadas interiores

Neste capítulo, você terá a oportunidade de usar amplamente a sua imaginação nas meditações. Vamos explorar imagens tiradas da mitologia e da Astrologia, e combiná-las com as técnicas de meditação que você aprendeu até agora. Entretanto, se você medita apenas para relaxar e aliviar suas tensões, esta parte do livro pode não lhe servir, uma vez que vai um pouco mais além da superfície do mundo interior.

Como já vimos, no processo de cura, as imagens e símbolos visualizados formam uma ponte entre o eu consciente e o inconsciente. Agora, a ponte pode ser construída usando-se o conhecimento e a experiência que foram apresentados nos capítulos anteriores.

Os planetas do nosso sistema solar têm nomes de deuses e deusas romanos, enquanto o Sol e a Lua foram associados, na mitologia, a determinadas divindades. Na Antigüidade, Vênus e Marte, por exemplo, eram considerados seres vivos e reais, com personalidades e características individuais. Eles tinham poderes ou atributos especiais e se comportavam de determinada maneira.

A psicologia junguiana, descreve como esses deuses já não são considerados como entidades que vivem fora de nós, mas são aquilo que ele descreve como arquétipos (ver página 191). Vênus, por exemplo, a deusa do amor na mitologia, agiria de uma determinada maneira e você pode conhecer seus padrões de comportamento, lendo os mitos a seu respeito. Vênus, vista como arquétipo, revela de que modo nós, seres humanos, conduzimos a história das nossas próprias paixões e relacionamentos — o que nos impulsiona, não a partir de fora, mas de dentro, do inconsciente.

A Astrologia nos conta ainda mais sobre o que os deuses planetários, ou arquétipos, representam. Por exemplo, a lua representa a nossa natureza emocional, sentimental. Nesse sentido, cada um dos planetas reflete uma parte específica da nossa personalidade.

Para cada uma das meditações a seguir, escolhi um caráter mitológico associado a um planeta e descrevi a parte da personalidade que esse símbolo representa, junto com algumas de suas associações mitológicas. Desse modo você pode escolher o aspecto de si mesmo que gostaria de analisar, e então fazer a meditação.

Você irá visualizar esse planeta em particular como uma pessoa — exatamente da mesma maneira, digamos, que os antigos gregos teriam imaginado Vênus, Marte ou Júpiter. Cada meditação traz informações sobre a imagem mitológica que ela emprega. Você poderá saber mais sobre esse assunto lendo sobre os próprios mitos.

Cada meditação pode se tornar uma jornada. Todas elas se iniciam com "O Jardim Interior", descrito no Capítulo 1. A seguir, apresento apenas sugestões resumidas, mas você pode retomá-las posteriormente, detendo-se um pouco mais em cada uma das etapas e deixando que as imagens se formem de acordo com a sua vontade.

Você pode usar o tema das meditações em conjunto com qualquer caráter mitológico. Escolhi os temas básicos: a Lua, Mercúrio, Vênus, Marte, Júpiter, Saturno e o Sol. Até algum tempo atrás, esses sete planetas eram os únicos conhecidos pelo homem.

Se você já fez algumas das meditações anteriores, pode estar se sentindo um tanto em dúvida quanto ao que deveria estar acontecendo com você e o que você deveria estar percebendo. Qualquer que seja a sua experiência, está tudo bem. No entanto, às vezes é bom saber o que se passa com outra pessoa quando ela medita sobre os mesmos temas. Uma vantagem de meditar em grupo é que depois pode-se conversar sobre os resultados. Assim, para que você possa compreender melhor o que está se passando, no final de cada meditação há uma breve repetição do exercício do ponto de vista de quem medita. Para poder transmitir essas informações, eu, enquanto escrevia este livro, fiz todas as meditações e um resumo das minhas experiências.

As suas experiências não serão as mesmas, de forma nenhuma, mas você terá uma idéia das possibilidades e verá o tipo de informação que poderá registrar quando mantiver um diário de suas jornadas interiores (ver página 192). Minhas anotações são breves; as suas podem ser mais detalhadas, especialmente se você costuma anotar pensamentos e conclusões que lhe ocorrerem enquanto escreve.

Essas meditações podem ser muito reveladoras e, como todas as meditações, devem ser uma experiência agradável. No entanto, siga sempre a regra de ouro: se você se sente bem com isso, ótimo. Se não, nada feito.

A LUA
20 minutos

A lua é um símbolo que representa as emoções, os sentimentos, a mãe e o inconsciente. Ela é, em parte, responsável pela sensibilidade emocional e pelo modo como reagimos às experiências, tanto exteriores como interiores. A lua influencia muito a sua personalidade e a forma como você se adapta às mudanças. Ela representa o princípio feminino e tem o extinto de educar e de proteger. Rege também as forças do crescimento, da morte e do renascimento. Afetos, desafetos e prejuízos são atribuídos à lua. Suas qualidades construtivas são sensibilidade, simpatia, proteção e afeição. Suas qualidades negativas são a melancolia, a não-confiabilidade, o caráter destrutivo e facilmente influenciável. Na cultura pré-histórica, a lua foi um grande símbolo da vida e da morte. Tudo nascia dela e tudo retornava a ela no final da vida, num ciclo sem fim, representado pelas suas fases.

Na mitologia grega, várias deusas, tais como Ártemis, Astarte, Deméter, Hera e Hécate, eram associadas à lua. Hera, a esposa de Zeus, representa esse aspecto do feminino que é atraído para o poder masculino. Todas essas deusas tinham suas contrapartes romanas. Por exemplo, para os romanos, Ártemis era Diana, a virgem caçadora.

— Seqüência de relaxamento (página 28).

— Pausa.

— Imagine que você está num jardim (ver "O Jardim Interior", na página 45). Esse não é um jardim que você de fato conheça, mas um jardim que você cria na sua imaginação. Esteja realmente nesse jardim, olhando as flores, os arbustos ou as árvores que crescem ali. O jardim é cercado por um muro alto. Passe algum tempo conhecendo esse jardim.

— Pausa.

— No jardim existe um determinado lugar com uma atmosfera especial, um local que chama a sua atenção e para o qual você é atraído. Vá até esse lugar. Olhe ao seu redor e sinta o ambiente.

— Pausa.

— Esse é um lugar protegido, onde ninguém nem nada pode entrar sem sua permissão.

— Pausa.

— Imagine que você convida a lua para entrar em seu jardim. Imagine que ela se aproxima de você na forma de uma pessoa.

— Pausa.

— Forme na sua mente a imagem da lua como uma pessoa. Que roupas ela está usando? Com ela é?

— Pausa.

— Como ela se comporta com relação a você e como você se sente ou reage diante dela?

— Pausa.

— Passe um tempo visualizando a imagem da lua. Aceite o que quer que lhe ocorra e deixe que a imagem mude e se desenvolva sem a sua interferência.

— Pausa.

— Imagine que você cumprimenta a lua e que vocês começam a conversar. O que ela tem a lhe dizer?

— Pausa.

— Passe algum tempo conhecendo a personalidade da lua. Que qualidades e poderes especiais ela tem?

— Pausa.

— Peça à lua para lhe dar um presente ou um símbolo, algo que represente aquilo que você necessita dela. Aceite o que lhe ocorrer de imediato e peça à lua para explicar o significado do presente.

— Pausa.

— O que você deve fazer com o presente e como deve usá-lo?

— Pausa.

— Há mais alguma coisa que a lua gostaria de dizer ou mostrar a você — especialmente sobre a sua natureza emocional, afetiva?

— Pausa.

— Quando estiver pronto, agradeça à lua por estar com você e então deixe que a imagem se desvaneça, até que você fique sozinho outra vez no jardim.

— Pausa.

— Pense a respeito de tudo o que acabou de acontecer.

— Pausa.

— Quando estiver pronto, deixe que a imagem do jardim vá desaparecendo e volte a atenção para a sua respiração. Torne-se consciente do seu corpo e do lugar em que você está meditando. Abra os olhos.

Diário de meditação

Este é um resumo da minha experiência na meditação acima.

O jardim era bem conservado e tradicional no seu projeto, com altas sebes, caminhos gramados e teixos velhos e imponentes. Tudo estava na penumbra, na verdade era quase noite e portanto tudo era sombrio e misterioso. Quando convidei a lua a aparecer, rapidamente formou-se a imagem de uma mulher. Em contraste com a penumbra, ela usava um manto branco que realmente irradiava luz.

Quando cheguei perto da lua e a cumprimentei, fui envolvido pela aura dessa luz e, de alguma forma comecei a brilhar também. A lua foi muito acolhedora e afetuosa comigo. Ela me deu de presente um cristal grande, fino, em forma de pirâmide, que começou a derreter como gelo quando o segurei. Tomei isso como um sinal de que eu era emocionalmente frio e precisava "derreter" ou me tornar mais "caloroso". Quando perguntei à lua sobre isso, ela concordou e disse que havia uma série de sentimentos que eu precisava expressar. A pirâmide derretendo era um símbolo dessa necessidade. Quando a imagem da lua se desvaneceu, aquela luz forte permaneceu dentro de mim, o que fez com que eu me sentisse bem.

MERCÚRIO
20 minutos

Mercúrio (Hermes, na mitologia grega) é o mensageiro alado dos deuses. Ele representa a nossa capacidade de comunicação e de coordenação — em outras palavras, a mente racional e a maneira como pensamos. As qualidades construtivas de Mercúrio são a destreza, a versatilidade e a argúcia, enquanto seus traços negativos são a dissimulação, a intromissão, a inconsistência e a falácia. Mercúrio também tem uma relação com larápios e com pessoas que gostam de pregar peças nos outros para fazê-los de tolos. Jung chamou esse arquétipo, que a seu ver tinha muito em comum com Mercúrio, de o Embusteiro. Na mitologia, Mercúrio era excepcionalmente velhaco, mas também era conhecido como o deus curador, e mensageiro entre os deuses, os mortais e o mundo subterrâneo dos mortos.

— Seqüência de relaxamento (página 28).

— Imagine que você está num jardim (ver "O Jardim Interior", na página 45). Esse não é um jardim que você de fato conheça, mas um jardim que você cria na sua imaginação. Esteja ali realmente, olhando as flores, os arbustos ou as árvores que crescem no local. O jardim é cercado por um muro alto. Passe algum tempo conhecendo o jardim.

— Pausa.

— No jardim existe um lugar em particular com uma atmosfera especial, um lugar que chama a sua atenção e para onde você é atraído. Vá até esse lugar. Olhe ao seu redor e sinta o ambiente.

— Pausa.

— Esse é um lugar protegido, onde ninguém nem nada pode entrar sem a sua permissão.

— Pausa.

— Imagine que você convida Mercúrio para entrar no seu jardim. Imagine que Mercúrio se aproxima de você na forma de uma pessoa.

— Pausa.

— Forme na sua mente a imagem de Mercúrio, como uma pessoa. Que roupas ele está usando? Com ele é?

— Pausa.

— Como ele se comporta com relação a você e como você se sente diante dele?

— Pausa.

— Passe um tempo visualizando a imagem de Mercúrio. Aceite o que quer que lhe ocorra e deixe que a imagem mude e se desenvolva sem a sua interferência.

— Pausa.

— Imagine que você cumprimenta Mercúrio e que vocês começam a conversar. O que ele tem a lhe dizer?

— Pausa.

— Passe algum tempo conhecendo a personalidade de Mercúrio. Que qualidades e poderes especiais ele tem?

— Pausa.

— Peça a Mercúrio para dar a você um presente ou um símbolo, algo que represente aquilo que você necessita dele. Aceite o que lhe ocorrer de imediato e peça a Mercúrio para explicar o significado do presente.

— Pausa.

— O que você deve fazer com o presente e como deve usá-lo?

— Pausa.

— Há mais alguma coisa que Mercúrio gostaria de dizer ou mostrar a você — especialmente sobre a maneira como você se comunica com as outras pessoas?

— Pausa.

— Quando estiver pronto, agradeça a Mercúrio por estar com você e então deixe que a imagem se desvaneça, até que você fique sozinho outra vez no jardim.

— Pausa.

— Pense a respeito de tudo o que acabou de acontecer.

— Pausa.

— Quando estiver pronto, deixe que a imagem do jardim vá sumindo e volte a atenção para a sua respiração. Torne-se consciente do seu corpo e do lugar em que você está meditando: abra os olhos.

Diário de meditação

Visualizei Mercúrio na forma de um jovem que usava o capacete alado e as sandálias aladas tradicionais. Nós nos demos bem, mas eu fiquei um tanto consternado ao constatar que ele havia trazido com ele um rebanho de carneiros, o que lotou o jardim. Eu estava preocupado com os estragos que os carneiros podiam causar. Mercúrio me disse que eles eram como os pensamentos – um seguia o outro – e a única maneira de quebrar um padrão de pensamento era, literalmente, impedir os pensamentos de seguirem uns aos outros automaticamente e mantê-los separados. Depois disso, os carneiros simplesmente desapareceram.

O presente de Mercúrio para mim foi uma laranja, que ele disse ser um lembrete de que se tem de atirar fora a casca antes que seja possível encontrar qualquer coisa que realmente valha a pena. Eu não sabia a que isso se referia — e Mercúrio falou que isso poderia referir-se a qualquer coisa, mas ele ainda estava falando sobre os processos do pensamento. Tomei suas palavras como um lembrete de que alcançar algo que valha a pena significa trabalhar nisso, retirando a camada superficial para obter o fruto que está embaixo.

VÊNUS
20 minutos

Vênus (Afrodite, para os gregos) representa a capacidade de estabelecer relacionamentos pessoais e de criar laços afetivos. O magnetismo pessoal provém da parte da personalidade de Vênus. Vênus também está relacionada com a vida em sociedade e com a capacidade de atribuir valor às coisas — não num sentido material, mas fazendo juízos de valor com base em preferências e aversões. Vênus nos torna conscientes da nossa interdependência e nos proporciona a capacidade de cooperar com as outras pessoas. Basicamente, Vênus em nós significa o impulso e o poder de atrair tanto pessoas (especialmente no sentido sexual) como as coisas que dão sentido à vida. As qualidades positivas de Vênus são: natureza amorosa e cuidadosa, diplomacia, fertilidade, simpatia e dons artísticos. As qualidades negativas são: promiscuidade, materialismo, frivolidade, hedonismo e indulgência consigo mesmo.

Na mitologia, ela é a personificação da beleza (pela qual adora ser venerada), e a generosa doadora dos dons e prazeres da vida. Vênus representa o divino na natureza e é um fator importante em tudo o que é feminino ou se refere ao sexo feminino. Na mitologia grega, Afrodite foi casada com Hefestos, o deus ferreiro, coxo, que forjava os raios para Zeus; mas não lhe era fiel. É a mãe de Eros (na mitologia romana, Cupido).

— Seqüência de relaxamento (página 28).

— Imagine que você está num jardim (ver "O Jardim Interior", na página 45). Esse não é um jardim que você de fato conhece, mas um jardim que você cria na imaginação. Esteja lá realmente, olhando as flores, os arbustos ou as árvores que ali crescem. O jardim é cercado por um muro alto. Passe algum tempo conhecendo o jardim.

— Pausa.

— No jardim existe um lugar em particular com uma atmosfera especial, um local que chama a sua atenção e para onde você é atraído. Vá até esse lugar. Olhe ao seu redor e sinta o ambiente.

— Pausa.

— Esse é um lugar protegido, onde ninguém nem nada pode entrar sem a sua permissão.

— Pausa.

— Imagine que você convida Vênus para entrar no seu jardim. Imagine que ela se aproxima de você na forma de uma pessoa.

— Pausa.

— Forme na sua mente a imagem de Vênus, como uma pessoa. Que roupa ela está usando? Como ela é?

— Pausa.

— Como ela se comporta com relação a você e como você se sente diante dela?

— Pausa.

— Passe um tempo visualizando a imagem de Vênus. Aceite o que lhe ocorrer e deixe que a imagem mude e se desenvolva sem a sua interferência.

— Pausa.

— Imagine que você cumprimenta Vênus e vocês começam a conversar. O que ela tem a lhe dizer?

— Pausa.

— Passe algum tempo conhecendo a personalidade de Vênus. Que qualidades e poderes especiais ela tem?

— Pausa.

— Peça a Vênus que dê a você um presente ou um símbolo, algo que represente aquilo que você quer receber de Vênus. Aceite o que lhe ocorrer de imediato e peça a Vênus para explicar o significado do presente.

— Pausa.

— O que você deve fazer com o presente e como deve usá-lo?

— Pausa.

— Há mais alguma coisa que Vênus gostaria de dizer ou mostrar a você — especialmente sobre a maneira como você estabelece e conduz seus relacionamentos pessoais?

— Pausa.

— Quando estiver pronto, agradeça a Vênus por estar com você e então deixe que a imagem se desvaneça, até que você fique sozinho outra vez no jardim.

— Pausa.

— Pense sobre tudo o que acabou de acontecer.

— Pausa.

— Quando estiver pronto, deixe que a imagem do jardim vá sumindo e volte a atenção para a sua respiração. Torne-se consciente do seu corpo e do lugar em que você está meditando; abra os olhos.

Diário de meditação

A princípio, achei difícil entrar em contato com Vênus ou fazer uma imagem dela. Tudo ficava girando em volta. Eu sentia a presença dela, mas parecia não conseguir parar de rodar e me fixar onde eu sentia que ela estava. E, de repente, eu estava suspenso no ar, olhando o jardim lá em baixo. Eu podia ver as redondezas, num raio de quilômetros. Então, desci novamente para o jardim e lá encontrei Vênus me esperando.

Ela me deu uma bola de metal muito pesada, que, a princípio, eu pensei que fosse uma laranja, como aquela da meditação de Mercúrio, mas não era. A bola era de um tom acobreado escuro e pesada demais para eu segurar por muito tempo. Perguntei-lhe para que servia, mas ela só me disse que eu devia "torná-la mais leve". Então ela me fez uma preleção sobre como nem tudo na vida era sofrimento, como prega o budismo, mas que a natureza e as forças de vida também podiam brincar e se divertir. Tudo tem dois lados e Vênus me disse que eu não deveria me concentrar só no lado pesado da vida. A bola se tornaria mais leve assim que eu fizesse isso.

Nesse momento, o jardim desapareceu em meio a um nevoeiro de cores rodopiantes, com muito vermelho e amarelo. Eu estava sozinho outra vez e terminei a meditação.

MARTE
20 minutos

Marte (na mitologia grega, Ares) representa a agressividade, a força física e o vigor. É o aspecto da personalidade que evoca a reação de "lutar ou fugir" às situações perigosas ou estressantes. Quando manifestado de maneira positiva, Marte é dinâmico, ativo, positivo, entusiasta e apaixonado. Quando negativo, Marte pode ser voluntarioso, nocivo, autoritário e frio. O deus Marte dos romanos era muito venerado. Ele gerou os fundadores de Roma e não se tratava apenas de um deus da guerra, pois também estava associado com a fertilidade. Suas qualidades masculinas agressivas foram consideradas honoráveis e virtuosas. Para os gregos, entretanto, Ares era equiparado à coragem cega, à fúria e ao massacre sangrento — um valentão insensível. Zeus o odiava, provavelmente porque sua esposa, Hera, deu à luz a Ares sem precisar recorrer a Zeus. Marte é o produto da fúria acumulada de Hera; é a *nossa* raiva acumulada.

— Seqüência de relaxamento (página 28).

— Imagine que você está num jardim (ver "O Jardim Interior", na página 45). Esse não é um jardim que você conhece, mas um jardim que você cria na sua imaginação. Esteja nele realmente, olhando as flores, os arbustos ou as árvores que crescem ali. O jardim é cercado por um muro alto. Passe algum tempo conhecendo o jardim.

— Pausa.

— No jardim existe um lugar em particular com uma atmosfera especial, um local que chama a sua atenção e para onde você é atraído. Vá até esse lugar. Olhe ao seu redor e sinta o ambiente.

— Pausa.

— Esse é um lugar protegido, onde ninguém nem nada pode entrar sem sua permissão.

— Pausa.

— Imagine que você convida Marte para entrar no seu jardim. Imagine que ele se aproxima de você na forma de uma pessoa.

— Pausa.

— Forme em sua mente a imagem de Marte como uma pessoa. Que roupa ele está usando? Como ele é?

— Pausa.

— Como ele se comporta com relação a você e como você se sente diante dele?

— Pausa.

— Passe algum tempo visualizando a imagem de Marte. Aceite o que lhe ocorrer e deixe que a imagem mude e se desenvolva sem a sua interferência.

— Pausa.

— Imagine que você cumprimenta Marte e vocês começam a conversar. O que ele tem a lhe dizer?

— Pausa.

— Passe um tempo conhecendo a personalidade de Marte. Que qualidades e poderes especiais ele tem?

— Pausa.

— Peça a Marte para dar a você um presente ou um símbolo, algo que represente aquilo que você quer receber de Marte. Aceite o que lhe ocorrer de imediato e peça a Marte para explicar o significado do presente.

— Pausa.

— O que você deve fazer com o presente e como deve usá-lo?

— Pausa.

— Há mais alguma coisa que Marte gostaria de dizer ou mostrar a você — especialmente sobre a maneira como você usa sua energia e entusiasmo?

— Pausa.

— Quando estiver pronto, agradeça a Marte por estar com você e, então, deixe que a imagem se desvaneça, até que você fique sozinho outra vez no jardim.

— Pausa.

— Pense sobre tudo o que acabou de acontecer.

— Pausa.

— Quando estiver pronto, deixe que a imagem do jardim vá sumindo e volte a atenção para a sua respiração. Torne-se consciente do seu corpo e do lugar em que você está meditando: abra os olhos.

Diário de meditação

Para mim, Marte foi uma completa surpresa. Eu estava esperando ver a imagem de alguém impetuoso, jovem e agressivo, mas em vez disso a minha imaginação criou um senhor idoso! Ele certamente estava em boa forma, porém já bem distante dos seus anos de virilidade juvenil! Disse-me que estava cansado de ser agressivo e agora queria apenas desfrutar um pouco a vida e num ritmo moderado. Nada mais de guerras. Marte disse que era bom estar na minha companhia por algum tempo e que apreciava a oportunidade de poder conversar. Deu-me uma estrela de prata para eu usar na testa (tomei isso como sendo um símbolo da capacidade de prever o futuro), dizendo que a velhice não era algo a ser temido, nem algo que significasse a perda da beleza física; pelo contrário. Aceitei o presente e disse que eu voltaria para reencontrá-lo em breve. Então, encerrei a meditação.

JÚPITER
20 minutos

Júpiter (Zeus, na mitologia grega) representa o crescimento e a expansão, a capacidade de assimilar uma experiência e de transformá-la em madura sabedoria. Júpiter representa a nossa consciência e, quando expressado de maneira positiva, é sábio, dado a filosofar, dócil, sociável, oportunista, visionário, enriquecedor e generoso. No entanto, se expressado negativamente, Júpiter se torna auto-indulgente, excessivamente exuberante, farisaico, hipócrita.

Na mitologia, Júpiter/Zeus era um deus pai muito poderoso, onipresente. Tudo o que não podia tomar pela persuasão ele tomava pela força, brandindo seus raios. Capaz de mudar de forma, Júpiter tem uma ligação com profetas e videntes, o que o associa à figura arquetípica do xamã, a pessoa que pode se movimentar à vontade entre este mundo e as dimensões da realidade espiritual. Assim, na mitologia, Júpiter rege tanto a terra (o mundo físico) como o céu (o mundo espiritual).

— Seqüência de relaxamento (página 28).

— Imagine que você está num jardim (ver "O Jardim Interior", na página 45). Esse não é um jardim que você de fato conhece, mas um jardim que você cria na sua imaginação. Esteja lá realmente, olhando as flores, os arbustos ou as árvores que crescem ali. O jardim é cercado por um muro alto. Passe algum tempo conhecendo o jardim.

— Pausa.

— No jardim existe um lugar em particular com uma atmosfera especial, um local que chama a sua atenção e para onde você é atraído. Vá até esse lugar. Olhe ao seu redor e sinta o ambiente.

— Pausa.

— Esse é um lugar protegido, onde ninguém nem nada pode entrar sem a sua permissão.

— Pausa.

— Imagine que você convida Júpiter para entrar no seu jardim. Imagine que ele se aproxima de você na forma de uma pessoa.

— Pausa.

— Forme na sua mente a imagem de Júpiter como uma pessoa. Que roupa ele está usando? Como ele é?

— Pausa.

— Como ele se comporta em relação a você e como você se sente diante dele?

— Pausa.

— Passe um tempo visualizando a imagem de Júpiter. Aceite o que lhe ocorrer e deixe que a imagem mude e se desenvolva sem a sua interferência.

— Pausa.

— Imagine que você cumprimenta Júpiter e vocês começam a conversar. O que ele tem a lhe dizer?

— Pausa.

— Passe um tempo conhecendo a personalidade de Júpiter. Que qualidades e poderes especiais ele tem?

— Pausa.

— Peça a Júpiter para dar a você um presente ou um símbolo, algo que represente aquilo que você quer receber de Júpiter. Aceite o que lhe ocorrer de imediato e peça a Júpiter para explicar o significado do presente.

— Pausa.

— O que você deve fazer com o presente e como deve usá-lo?

— Pausa.

— Há mais alguma coisa que Júpiter gostaria de lhe dizer ou de lhe mostrar — especialmente sobre a maneira como você pode cultivar, desenvolver e aprimorar sua experiência no futuro?

— Pausa.

— Quando estiver pronto, agradeça a Júpiter por estar com você e, então, deixe que sua imagem se desvaneça, até que você fique sozinho outra vez no jardim.

— Pausa.

— Pense sobre tudo o que acabou de acontecer.

— Pausa.

— Quando estiver pronto, deixe que a imagem do jardim vá sumindo e volte a atenção para a sua respiração. Torne-se consciente do seu corpo e do lugar em que você está meditando: abra os olhos.

Diário de meditação

Desta vez, o jardim me pareceu muito escuro — eu o via numa penumbra, como na meditação da lua. Passei algum tempo perambulando e também sentindo as coisas. Apanhei algumas folhas caídas e as amassei entre meus dedos, sentindo sua textura. Também corri meus dedos ao longo da sebe, sentindo seus espinhos. Tudo me parecia muito real e sólido. Percebi uma figura em pé, a poucos passos de mim. Quando concentrei minha atenção, ela se tornou mais nítida. A figura se parecia com uma cruz que tanto se assemelhava a alguém num traje espacial como ao homem de lata de *O Mágico de Oz*. Era Júpiter. À medida que eu me aproximava, a figura pareceu ficar maior e mais alta — ou talvez eu é que fiquei menor. A figura me pegou nos braços e me embalou como se eu fosse um bebê. Fiquei bastante surpreso ao descobrir que Júpiter era uma mulher. Júpiter explicou-me que "ele" podia adotar qualquer forma que desejasse. Ele desabotoou sua túnica e eu vi que dentro não havia nenhum corpo — nada, realmente. Júpiter não era visível, a menos que estivesse vestido de alguma forma, neste caso, com um traje espacial.

Pedi a Júpiter um presente, porém ele não pareceu querer me dar coisa alguma. Então ele me perguntou o que eu gostaria de ganhar e eu disse que queria o dom de prever o futuro, o dom da profecia, sabendo que isso vinha da esfera de Júpiter. Não sei se recebi algo ou não, porque Júpiter foi sumindo da cena nesse momento, deixando-me sozinho outra vez.

SATURNO
20 minutos

Saturno (na mitologia grega, Cronos), que representa a autoridade, a lei e a responsabilidade perante a sociedade, geralmente é visto com maus olhos. Entretanto, a idéia é aprender sobre as próprias limitações e, então, tornar-se capaz de superá-las. Saturno ensina que não adianta querer o impossível. Quando expressado positivamente por meio da personalidade, Saturno é paciente, confiável, organizado, disciplinado, cumpridor dos deveres e responsável. A expressão negativa de Saturno é pessimista, depressiva, rígida, desconfiada e até maliciosa. Saturno é também o arquétipo que governa sentimentos como depressão e melancolia; portanto, se você se sente deprimido, é Saturno que está agindo e precisando de atenção.

Para os gregos, Cronos era um deus do tempo de caráter destrutivo, embora em Roma seu equivalente, Saturno, fosse o regente de toda a Idade do Ouro.

— Seqüência de relaxamento (página 28).

— Imagine que você está num jardim (ver "O Jardim Interior", na página 45). Esse não é um jardim que você de fato conhece, mas um jardim que você cria na sua imaginação. Esteja lá realmente, olhando as flores, os arbustos ou as árvores que crescem ali. O jardim é cercado por um muro alto. Passe algum tempo conhecendo o jardim.

— Pausa.

— No jardim, existe um lugar em particular com uma atmosfera especial, um local que chama a sua atenção e para onde você é atraído. Vá até esse lugar. Olhe ao seu redor e sinta o ambiente.

— Pausa.

— Esse é um lugar protegido, onde ninguém nem nada pode entrar sem a sua permissão.

— Pausa.

— Imagine que você convida Saturno para entrar no seu jardim. Imagine que Saturno se aproxima de você na forma de uma pessoa.

— Pausa.

— Forme na sua mente uma imagem de Saturno como uma pessoa. Que roupa ele está usando? Como ele é?

— Pausa.

— Como ele se comporta com relação a você e como você se sente diante dele?

— Pausa.

— Passe um tempo visualizando uma imagem de Saturno. Aceite o que lhe ocorrer e deixe que a imagem mude e se desenvolva sem a sua interferência.

— Pausa.

— Imagine que você cumprimenta Saturno e vocês começam a conversar. O que ele tem a lhe dizer?

— Pausa.

— Passe um tempo conhecendo a personalidade de Saturno. Que qualidades e poderes especiais ele tem?

— Pausa.

— Peça a Saturno para dar a você um presente ou um símbolo, algo que represente aquilo que você quer receber dele. Aceite o que lhe ocorrer de imediato e peça a Saturno para explicar o significado do presente.

— Pausa.

— O que você deve fazer com o presente e como deve usá-lo?

— Pausa.

— Há mais alguma coisa que Saturno gostaria de dizer ou mostrar a você — especialmente sobre as suas responsabilidades e as tarefas que você deve cumprir?

— Pausa.

— Quando estiver pronto, agradeça a Saturno por estar com você e então deixe que a imagem se desvaneça, até que você fique sozinho outra vez no jardim.

— Pausa.

— Pense sobre tudo o que acabou de acontecer.

— Pausa.

— Quando estiver pronto, deixe que a imagem do jardim vá sumindo e volte a atenção para a sua respiração. Torne-se consciente do seu corpo e do lugar em que você está meditando: abra os olhos.

Diário de meditação

Como eu desejava muito ir até o jardim, a imagem da clareira de uma floresta rapidamente se formou na minha mente. Ali encontrei um cavaleiro que me tomou em seu cavalo e me levou para o meio das árvores. Fomos a um castelo e o cavaleiro me deixou, dizendo para eu entrar. Eu entrei, e me mostraram um estábulo, que era o meu aposento. Então, Saturno veio até mim. Ele era um homem idoso com longos cabelos brancos, usava um manto branco e, aparentemente, era o rei do castelo. Ele não parecia muito contente em me ver e quis que eu o deixasse sozinho. Entretanto, eu o persuadi a me dar um presente. Ele me deu um globo de prata, um símbolo, ele disse, da "forma do mundo". Saturno disse que eu deveria cumprir meu papel com mais empenho. Perguntei-lhe se ele era o rei do Graal, e ele riu, dizendo que não. Acho que ele poderia ser...

O SOL
20 minutos

O Sol representa o eu interior e é a energia que integra todas as diferentes qualidades da sua personalidade, tornando-o uma pessoa completa. O Sol rege e mantém o equilíbrio; portanto, se sentir que existe algum tipo de desequilíbrio na sua vida, é do Sol que você deve tratar na sua meditação. O Sol está relacionado com a força de vontade — a capacidade de atingir suas metas e desejos. Se expressado de maneira positiva, o Sol é confiante, independente e criativo; negativamente, o Sol expressa egoísmo, incompetência e agressão.

Na mitologia, os deuses solares são sempre uma parte importante do panteão; o deus grego do Sol, Apolo, é um exemplo famoso. O Sol faz par com a lua, representando as forças masculinas extrovertidas da consciência, em oposição à regência feminina e introvertida da lua para os mundos interiores e o inconsciente.

— Seqüência de relaxamento (página 28).

— Imagine que você está num jardim (ver "O Jardim Interior", na página 45). Esse não é um jardim que você de fato conhece, mas um jardim que você cria na sua imaginação. Esteja lá realmente, olhando as flores, os arbustos ou as árvores que crescem ali. O jardim é cercado por um muro alto. Passe algum tempo conhecendo o jardim.

— Pausa.

— No jardim, existe um lugar em particular com uma atmosfera especial, um local que chama a sua atenção e para onde você é atraído. Vá até esse lugar. Olhe ao seu redor e sinta o ambiente.

— Pausa.

— Esse é um lugar protegido, onde ninguém nem nada pode entrar sem a sua permissão.

— Pausa.

— Imagine que você convida o Sol para entrar no seu jardim. Imagine que o Sol se aproxima de você na forma de uma pessoa.

— Pausa.

— Forme na sua mente a imagem do Sol como uma pessoa. Que roupas ele está usando? Como ele é?

— Pausa.

— Como ele se comporta com relação a você e como você se sente diante dele?

— Pausa.

— Passe algum tempo visualizando a imagem do Sol. Aceite o que lhe ocorrer e deixe que a imagem mude e se desenvolva sem a sua interferência.

— Pausa.

— Imagine que você cumprimenta o Sol, e vocês começam a conversar. O que ele tem a lhe dizer?

— Pausa.

— Passe algum tempo conhecendo a personalidade do Sol. Que qualidades e poderes especiais ele tem?

— Pausa.

— Peça ao Sol para dar a você um presente ou um símbolo, algo que represente aquilo que você quer receber dele. Aceite o que lhe ocorrer de imediato e peça ao Sol para explicar o significado do presente.

— Pausa.

— O que você deve fazer com o presente e como deve usá-lo?

— Pausa.

— Há mais alguma coisa que o Sol gostaria de dizer ou mostrar a você — especialmente sobre desenvolver um senso de propósito na vida?

— Pausa.

— Quando estiver pronto, agradeça ao Sol por estar com você e, então, deixe que a imagem se desvaneça, até que você fique sozinho outra vez no jardim.

— Pausa.

— Pense sobre tudo o que acabou de acontecer.

— Pausa.

— Quando estiver pronto, deixe que a imagem do jardim vá sumindo e volte a atenção para a sua respiração. Torne-se consciente do seu corpo e do lugar em que você está meditando: abra os olhos.

Diário de meditação

Para mim, esta meditação foi bastante curta, porém decisiva. O Sol apareceu como um índio norte-americano. Ele passou um longo tempo contando-me que, embora o Sol fosse um símbolo do Grande Espírito, ele era muito mais do que isso e representava algo que remetia ao todo ou à unicidade de toda a vida. O Sol me disse que seus raios podiam queimar ou nutrir e, para me ajudar a compreender, ele me deu um par de óculos de sol cujas lentes eram do tipo que fica mais escuro à medida que a luz fica mais forte. Então ele desapareceu, depois de me avisar para que eu não olhasse diretamente para ele.

Passei algum tempo sozinho no jardim, desfrutando essa experiência. Embora o Sol tivesse permanecido comigo apenas por um instante, senti que esse encontro era importante para mim e que valia a pena esperar um tempo até que seu significado se revelasse e se tornasse mais claro. As cores do jardim pareciam muito bonitas, especialmente o verde do gramado e das folhas, que era quase luminescente.

Isso conclui as meditações deste capítulo, bem como todas as meditações principais. Os Capítulos 8 e 9 também lhe darão material para pensar e inspiração que você pode incluir nas suas meditações para aprofundar sua experiência.

8
Meditações que proporcionam entendimento e inspiração

Citações para meditação

Escolha entre as citações inspiradoras a seguir uma que lhe seja apropriada. Então memorize-a ou anote-a num cartão. Você pode refletir sobre o significado dessa citação enquanto medita, ou pode carregar o cartão com você para inspirá-lo ao longo do dia. Se preferir, deixe-a afixada num lugar visível, em casa ou no trabalho.

Uma árvore cujo tronco pode preencher o vão entre os braços de um homem cresce de um tenro broto.
Uma construção de nove pavimentos é erguida com punhados de terra.
Uma jornada de mil milhas começa debaixo dos pés do viajante.

LAO-TSÉ

Não é porque as coisas são difíceis que nós não ousamos; é porque nós não ousamos que as coisas são difíceis.

SÊNECA

A imaginação é mais importante que o conhecimento.

ALBERT EINSTEIN

Leve-me do irreal para o real.
Leve-me da escuridão para a luz.
Leve-me da morte para a imortalidade.

UPANISHADS

Saber mas pensar que não sabe é o melhor;
Não saber mas pensar que sabe tornará as coisas mais difíceis.

LAO-TSÉ

Siga placidamente em meio ao ruído e à pressa e lembre-se de que a paz pode estar no silêncio.

DESIDERATA

Pedi, e vos será dado; buscai, e encontrarás; batei, e a porta se abrirá para vós.

BÍBLIA, MATEUS, 7:7

Temos a impressão de que um novo tipo de homem se formou nos últimos 200 anos, e de que agora a humanidade está pronta para um salto evolucionário.

COLIN WILSON

É a alma que vê; os olhos exteriores apresentam o objeto, mas a mente discerne.

GEORGE CRABBE

A paz interior só pode ser alcançada quando praticamos o perdão. O perdão é o desprendimento do passado e, portanto, o meio de corrigirmos nossas interpretações erradas.

GERALD JAMPOLSKY

Quando um homem se submete a todos os desejos do seu coração e pela graça de Deus encontra a alegria divina, então sua alma encontrou verdadeiramente a paz.

BHAGAVAD GITA

A vida nunca significou uma luta, mas apenas uma suave progressão de um ponto a outro, assim como caminhar por um vale em um dia de sol.

STUART WILDE

Comece as coisas difíceis enquanto elas são fáceis,
faça grandes coisas enquanto são pequenas.
As coisas difíceis do mundo
um dia devem ter sido fáceis;
as grandes coisas um dia devem ter sido pequenas...
Uma jornada de mil milhas começa com um único passo.

LAO-TSÉ

O que é a vida? É o brilho do vaga-lume no meio da noite. É o sopro do búfalo no tempo de inverno. É a pequena sombra que corre pela relva e se perde no ocaso.

CROWFOOT

A ioga é a acomodação da mente no silêncio. Quando a mente se aquieta, nós nos instalamos em nossa verdadeira natureza, que é a consciência ilimitada.

PATANJALI

A velha noção de pecado deu vez ao reconhecimento de um potencial não satisfeito, e agora a separação de Deus é vista como ilusão a ser dispersada na compreensão da verdadeira identidade.

PETER SPINK

Se você ainda está magoado com algo que lhe aconteceu aos 12 anos, é o pensamento que o está magoando agora.

JAMES HILLMAN

E esta nossa vida, isenta de pouso público,
encontra línguas nas árvores, livros nos rios que correm,
sermões nas pedras e o bem em tudo.

WILLIAM SHAKESPEARE

Quando você afirma a sua integridade no universo, então você coopera com os outros de modo fácil e natural, como parte da sua própria natureza. E sendo você mesmo, ajuda os outros a serem eles mesmos.

JANE ROBERTS

Seja gentil para com você mesmo. Se você não for seu próprio amigo incondicional, quem será? Se você está lutando contra um oponente e ainda se opõe a si mesmo, estará em minoria.

DAN MILLMAN

Perceber uma realidade distante como algo real é o papel da imaginação. As palavras "percepção" e "imaginação" tornam-se intercambiáveis nesse nível.

COLIN WILSON

Não tenha medo de dar um grande passo, se for preciso. Você não pode cruzar um abismo dando dois pulinhos.

DAVID LLOYD GEORGE

O próprio risco fomenta o poder do resgate.

FRIEDRICH HÖLDERLIN

Para que tenhas prazer em tudo, busca o prazer em nada.
Para que possas saber tudo, busca nada saber.
Para que possuas todas as coisas, busca nada possuir.
Para que possas ser tudo, busca nada ser.

SÃO JOÃO DA CRUZ

Aqueles que sabem não falam.

LAO-TSÉ

A consciência consiste principalmente naquilo que sabemos e no que sabemos que não sabemos.

JUNE SINGER

A terra está cheia de céu
e cada arbusto comum inflama-se em Deus.

ELIZABETH BARRETH BROWNING

Temos de admitir que o que está mais perto de nós é exatamente o que não conhecemos, embora pareça ser aquilo que conhecemos mais que tudo.

CARL JUNG

Viva e trabalhe, mas não se esqueça de brincar para ter prazer na vida e realmente aproveitá-la.

EILEEN CADDY

Aprendi que nada é impossível quando seguimos o nosso guia interior, mesmo quando sua direção possa nos ameaçar, contrariando nossa lógica comum.

GERALD JAMPOLSKY

Aprendi mais com os meus erros do que com os meus sucessos.

SIR HUMPHRY DAVY

Quando perdoamos alguém, os nós são desfeitos e o passado é liberado.

RESHAD FEILD

O silêncio é o elemento dentro do qual grandes coisas moldam a si mesmas.

THOMAS CARLYLE

Todas as pessoas, todos os acontecimentos da sua vida estão aí porque você os atraiu.

RICHARD BACH

Só o amor pode unir os seres vivos de modo a completá-los e satisfazê-los... pois ele, por si só, os une pelo que há de mais profundo neles. Tudo o que precisamos é imaginar a nossa capacidade de amar dilatando-se até que ela inclua a Terra e todos os homens.

TEILHARD DE CHARDIN

Alma e destino são dois nomes para o mesmo princípio.

NOVALIS

Meu amigo, num mundo onde a morte é o caçador não há tempo para arrependimentos ou dúvidas. Só há tempo para decisões.

CARLOS CASTAÑEDA

Boas idéias e inovações devem ser geradas pela paciência corajosa.

HYMAN RICKOVER

Eu nunca vi uma charneca,
eu nunca vi o mar;
e ainda assim eu sei como é a urze
e como é uma onda a quebrar.

EMILY DICKINSON

A coruja, cujos olhos feitos para a noite são cegos durante o dia, não pode desvendar o mistério da luz. Se você de fato contemplar o espírito da morte, abra bem seu coração ao corpo da vida. Pois vida e morte são uma coisa só, como o rio e o mar.

KAHLIL GIBRAN

A morte não pode matar aquilo que nunca morre.

WILLIAM PENN

Há um tempo de calar e um tempo de falar.

BÍBLIA, ECLESIASTES 3:7

"Ser ou não ser" não é a questão. É a resposta.

FRED ALAN WOLF

Apenas no relacionamento podes conhecer-te, não na abstração e, certamente, não no isolamento.

J. KRISHNAMURTI

Em todas as atividades da vida, desde as triviais até as mais importantes, o segredo da eficiência está na habilidade de se combinar dois estados aparentemente incompatíveis — um estado de atividade máxima e um estado de máximo relaxamento.

ALDOUS HUXLEY

Absolutamente impossíveis como são todos esses eventos, eles são, provavelmente, como aqueles que podem ter ocorrido como quaisquer outros que nunca foram personificados e nunca poderão ser.

JAMES JOYCE

Saber esperar é o grande segredo do sucesso.

JOSEPHE DE MAISTRE

A vida é eterna; e o amor é imortal; e a morte é apenas um horizonte; e um horizonte é nada mais que o limite da nossa vista.

ROSSITER WORTHINGTON RAYMOND

O amor não busca satisfazer a si mesmo,
Nem tem para consigo qualquer cuidado,
Mas para os outros se dá facilmente
E ergue um Céu no desespero do Inferno.

WILLIAM BLAKE

O trabalho superior que você realizou tão diligentemente no silêncio deve ter aplicação quando você estiver mergulhado no tumulto da vida diária.

GARMA CHANG

A forma mais eficiente para ter boas relações com qualquer ser vivo é procurar nele o melhor, e então fazer com que esse melhor se expresse por completo.

J. ALLEN BOONE

O Senhor está em mim, o Senhor está em ti, como a vida está em cada semente.

KABIR

A simplicidade é a mais alta qualidade de expressão. É essa qualidade que a arte manifesta em seus momentos supremos. Ela constitui o estágio final do crescimento. Ela é a coisa mais rara, pois é o resultado mais precioso que os homens conseguem em seu autotreinamento.

LAO-TSÉ

Aceite com amor as falhas de seus amigos e inimigos, e você pode aprender a amar e a aceitar a si mesmo.

RESHAD FEILD

Um passo na direção errada é melhor que ficar no mesmo lugar toda a vida. Quando você avança, pode corrigir seu curso enquanto caminha. Seu sistema de guia automático não pode guiá-lo se você fica parado.

MAXWELL MALTZ

Quando alcançar o centro da Consciência, você vai encontrar uma quietude completa — um profundo manancial de silêncio. Não se trata de poder, pois não há razão para ter poder, nem nada sobre o que exercer esse poder. Ele simplesmente *existe.*

JOEL GOLDSMITH

A você foram dados os dons dos deuses; você cria a sua realidade de acordo com as suas crenças. Sua é a energia criativa que compõe o seu mundo. Não há limites para o eu, exceto aqueles nos quais você acredita.

JANE ROBERTS

É eternidade agora.
Estou no meio dela.
  Ela está ao meu redor
  na luz do sol;
Eu estou nela,
como a borboleta adeja
no ar cheio de luz.
Nada está para acontecer;
  tudo é agora.
Agora é a eternidade;
agora é a vida imortal.

RICHARD JEFFERIES

Crescemos muito com os sonhos. Todos os grandes homens eram sonhadores. Eles vêem coisas na bruma suave de um dia de primavera, ou no tom rubro de uma tarde de inverno. Alguns de nós deixam os sonhos morrer, porém outros alimentam e protegem esses sonhos, e os acalentam nos tempos ruins, até que eles os levem para o sol e para a luz.

WOODROW WILSON

Deixe que o meu amor, como a luz do sol, envolva você e ainda lhe dê a iluminada liberdade.

RABINDRANATH TAGORE

Você ativa as sementes da sua criação fazendo escolhas sobre os resultados que quer criar. Quando faz uma escolha, você mobiliza grandes energias e recursos humanos que, de outro modo, ficariam sem uso.

ROBERT FRITZ

Onde posso encontrar um homem que tenha esquecido as palavras? É com ele que eu gostaria de conversar.

CHUANG TSU

Há apenas uma única coragem, e essa é a coragem de continuar morrendo para o passado, não recompô-lo, não acumulá-lo, não se prender a ele. Nós todos nos prendemos ao passado e, por nos prendermos ao passado, ficamos indisponíveis para o presente.

BHAGWAN SHREE RAJNEESH

Flui com o ritmo da natureza. Harmoniza-te com tudo o que existe à tua volta.

EILEEN CADDY

Às vezes, o único jeito de eu descobrir o que é que eu quero fazer é ir em frente e fazer alguma coisa. Então, no momento em que começo a agir, meus sentimentos ficam claros.

HUGH PRATHER

Para tudo existe uma estação, e um tempo para cada propósito sob o céu:

Há um tempo para nascer e um tempo para morrer;
Um tempo para plantar e um tempo para colher o que estiver plantado;
Um tempo para chorar e um tempo para sorrir;
Um tempo para enlutar-se e um tempo para dançar.

BÍBLIA, ECLESIASTES 3:1

Muitas pessoas ficam por aí, sentadas, esperando que o mundo as descubra, e isso raramente acontece. Se você caminha em direção aos seus objetivos, expressando toda a sua força, a oportunidade chegará a você com o resultado das suas ações.

STUART WILDE

Em cada ser humano dormem faculdades por meio das quais ele pode adquirir por si mesmo o conhecimento de mundos superiores.

RUDOLF STEINER

Faça o melhor, em silêncio, e você estará trabalhando de acordo com a lei divina que "escreve direito por linhas tortas" e restaurará a harmonia e a saúde.

WHITE EAGLE

Nosso maior desejo na vida é ter alguém que nos faça fazer o que somos capazes de fazer.

RALPH WALDO EMERSON

Sinta medo... E faça assim mesmo.

SUSAN JEFFERS

A humanidade aprende mais depressa com a adversidade. Se tudo for fácil, se não houver nenhum obstáculo no nosso caminho, nunca aprenderemos nada.

ELISABETH KÜBLER-ROSS

Repouse; um campo que pode repousar dá uma bela safra.

OVÍDIO

Nossa sintonização com a energia exige um silenciar completo da nossa reação habitual aos estímulos externos e internos.

LAWRENCE BLAIR

Quando o amor acenar para você, siga-o,
Ainda que seus caminhos sejam árduos e íngremes.
E quando suas asas o envolverem, renda-se a ele,
Ainda que a espada oculta por entre as mesmas possa feri-lo.

KAHLIL GIBRAN

Aliás, o humor é tudo, é tudo o que nos salva. No minuto em que surge, toda a nossa dureza se dobra, todas as nossas iras e mágoas se escoam e um espírito iluminado toma o seu lugar.

MARK TWAIN

A razão por que os pássaros podem voar e nós não podemos é simplesmente o fato de eles terem uma fé perfeita, pois ter fé é ter asas.

J. M. BARRIE

Você consegue o que você precisa, você sempre consegue o que você precisa, você nem sempre consegue o que deseja.

ELISABETH KÜBLER-ROSS

Um bando de gente bem-sucedida é o dos que assumem riscos. A menos que esteja disposto a isso — ter uma meta, falhar miseravelmente e ter outra meta — o sucesso não virá.

PHILLIP ADAMS

Um dia, o discípulo do mestre foi até ele, num estado de excitação total depois de passar meses praticando meditação. "Acabei de ver Buda na minha meditação", disse ele, esperando um grande elogio do mestre. "Não ligue", o sábio replicou. "Volte e tente outra vez. Com um pouco de sorte, ele já terá ido embora."

ANEDOTA ZEN

9

Meditações para o seu dia-a-dia

Este capítulo o ajudará a encarar e a superar as características e emoções problemáticas negativas, quer em si mesmo, quer em outras pessoas. Então, para equilibrar essas situações negativas, apresento aqui uma seleção de idéias para meditação que tem como objetivo promover experiências positivas na sua vida. São 52 idéias, uma para cada semana do ano, caso você decida usá-las assim.

Da lista seguinte, escolha a experiência sobre a qual você deseja meditar e, então, localize no mesmo capítulo o breve texto que corresponde a essa experiência. Use a técnica de relaxamento para iniciar a meditação e, então, baseie-se no texto escolhido para prosseguir o exercício. Você pode usar esses textos em conjunto com outra meditação já descrita, ou usá-los como um ponto central para contemplação.

Se quiser, pode anotar o seu texto num cartão, para levar consigo durante o dia ou para afixá-lo, em casa ou no trabalho, num lugar próximo a você. Assim você poderá analisar seu significado à medida que vai cumprindo as atividades diárias. Você também pode passar um segundo cartão para alguém que, a seu ver, precisa de apoio e que poderia beneficiar-se de uma determinada idéia ou meditação.

Outro método é deixar que o acaso escolha por você. Quando quiser escolher um parágrafo, feche os olhos e pense num número de 1 a 52. Depois, veja qual meditação corresponde a esse número.

A primeira seção ensina como lidar com as experiências negativas. Escolha a que mais lhe convém e então leia as notas de meditação correspondentes, que promoverão experiências positivas para equilibrar o negativo e o positivo. Atingir o equilíbrio é importante. Não se prenda aos aspectos negativos da vida, como muitas pessoas costumam fazer. Procure compensá-los com uma atitude positiva.

Algumas pessoas, no entanto, vão ao extremo oposto e consideram somente os aspectos positivos da vida. Isso não é bom, pois nós temos tendência para emoções e pensamentos negativos, e se eles forem constantemente negados ou reprimidos, continuarão a nos influenciar de maneira inconsciente, acentuando-se, em vez de desaparecer. Um dos resultados de negarmos nosso lado negativo é que a nossa negatividade aparece fora de nós — começamos a vê-la em outras pessoas, que se tornam portadores dos nossos problemas e dificuldades. Você pode ver isso mais facilmente quando encontra alguém cujas qualidades positivas você tem grande dificuldade para enxergar!

Como lidar com as experiências negativas

1. Ansiedade
2. Depressão
3. Insegurança
4. Culpa
5. Aversão por si mesmo
6. Fraqueza
7. Tristeza
8. Dor ou sofrimento
9. Decepção
10. Preocupação
11. Rancor
12. Medo
13. Solidão
14. Egoísmo
15. Desconsideração pelos outros
16. Ganância
17. Desonestidade
18. Inveja
19. Crueldade
20. Destrutividade
21. Desespero
22. Exaustão
23. Raiva
24. Confusão
25. Fracasso
26. Amargura

SUGESTÕES PARA MEDITAÇÃO

1
ANSIEDADE

As pessoas sofrem de ansiedade quando acreditam que algo negativo pode lhes acontecer no futuro. Mas por que ficar ansicso com algo que talvez não aconteça nunca? Mantenha seus pensamentos no presente, não no futuro. O futuro pode não vir nunca, porém o presente está sempre aqui e tem de ser vivido plenamente. Quando você fica ansioso, você não aproveita o que está se passando aqui e agora. Você está negando a sua existência neste momento da vida. Viva o momento presente, apreciando a vida à medida que ela passa. Assim, não fique ansioso com a vida que *pode* acontecer. O aqui e agora é tudo que importa. O aqui e agora *está* acontecendo.

2
DEPRESSÃO

A depressão pode parecer uma experiência que não tem fim, um buraco em que você caiu e do qual não pode sair. Talvez você não possa fazer isso neste momento, mas lembre-se de que a sua depressão é um sinal de que alguma coisa está tentando nascer — algo novo e excitante. O nascimento é difícil e opressivo, mas se você deixar que esse processo inteligente aconteça, irá descobrir que sua depressão o está levando a novas possibilidades. Você está viajando por um túnel escuro e ainda não pode ver a luz no final. Você está avançando no tempo e essa luz acabará chegando. Não deixe que a depressão tome conta de você; prepare-se para a luz que surgirá. Aguce a sensibilidade para perceber o que está lhe acontecendo e para descobrir o que ainda não veio à luz da sua consciência. A depressão é uma fase, não uma doença. Ela passará.

3
INSEGURANÇA

A insegurança significa que você perdeu contato com suas forças e recursos interiores. Esqueça o que os outros pensam de você, o que os outros possam dizer se você falhar. Você deve isso a si mesmo, deixe que suas forças interiores o sustentem. É para isso que elas existem. Não se detenha no caminho; ninguém está fazendo isso com você. Não são as outras pessoas que o estão impedindo de fazer o que você quer, mas sim você mesmo. Pense nisso e encontre a fonte da sua força e confiança interiores. Ela está ali — nós todos a temos. Todos nós somos capazes de fazer jorrar um manancial de apoio que é inesgotável em seu poder e força. Sua tarefa é descobri-lo, e então, dar livre expressão a ele.

4
CULPA

Se você está se sentindo culpado, terá de *fazer* alguma coisa. A culpa leva à passividade e devora a sua energia, a sua vida. Se você fez algo de que se arrepende, não reflita sobre isso por mais tempo, mas aja para redimir a si mesmo. A culpa normalmente envolve outra pessoa. Você deve procurar essa pessoa e dizer como está se sentindo, para assim resolver a situação. Quando meditar sobre isso, você descobrirá que o medo o está impedindo de se livrar da culpa. Se é esse o caso, seu problema não é a culpa, mas o medo (ver item nº 12). Não deixe que a culpa se transforme numa ferida; deixe que ela se manifeste. Se a sua culpa está relacionada com você mesmo e não inclui outra pessoa, a solução é simples. Na meditação, você deve refletir sobre a culpa, admiti-la e, então, ser gentil consigo mesmo.

5
AVERSÃO POR SI MESMO

Esse estado é o resultado de não viver conforme os seus critérios, ou é decorrência do fato de você não ter conseguido ser algo que você não é e talvez nunca possa ser. Mas esses são realmente os seus critérios? Será que eles não são de outra pessoa? Ou são critérios que você nunca questionou mas sempre aceitou? Você tem que investigar isso — os critérios que estabeleceu para si mesmo são os mais adequados? Você realmente concorda com eles? Se pudesse começar de novo, quais seriam os critérios que estabeleceria para si mesmo? Não pense nas outras pessoas; pense em você mesmo. Todos nós temos qualidades e experiências em comum, mas cada ser humano é também um indivíduo. Se você sente aversão por si mesmo, terá de meditar não a respeito daquilo que tem em comum com os outros, mas a respeito das diferenças, das coisas que fazem de você o que você é, e terá de honrar essas diferenças.

6
FRAQUEZA

Se está se sentindo fraco, é porque você está comparando a sua força com algo que é muito mais forte do que você. Talvez seja hora de aceitar exatamente o que e quem você é, e isso significa aceitar também suas fraquezas. Depois disso você ficará mais forte, não num sentido relativo, mas na maneira como você se vê. Isso é o que se entende por força interior, e que não deve nada à força de ninguém. Aceite-se e aumente a sua força interior.

7
TRISTEZA

A tristeza é algo importante para os seres humanos. Você conheceu algo ou alguém maravilhoso, ou passou por uma experiência que agora chegou ao fim; ainda assim, você teve esse privilégio e ninguém pode tirar de você essa lembrança. Você pode não ser capaz de repetir a experiência, mas o fato de que essa lembrança vive dentro de você significa que em algum lugar da sua consciência ela ainda é real, e irá continuar com você para sempre. A tristeza significa que em algum lugar no seu íntimo repousa a experiência de um tempo precioso que agora se foi. Mesmo que esse tempo tenha acabado, o momento presente contém qualidades especiais pelas quais você deve agradecer. Agradeça à sua boa fortuna pelo fato de você estar triste!

8
DOR OU SOFRIMENTO

Se você está sentindo dor ou está sofrendo, procure perceber toda a compaixão que existe no mundo. A compaixão significa que os outros estão conscientes do significado e da experiência de sofrer e são solidários na sua dor. Sinta-se confortado pela fonte inesgotável de compaixão que verdadeiramente existe no mundo. O sofrimento humano parece imenso e interminável, porém assim também é a compaixão; e, embora você possa se sentir sozinho no seu sofrimento, outros também já passaram por ele ou ainda vão passar. A maneira como você enfrenta a sua dor e o sofrimento irá se somar à compaixão do mundo e ao apoio daqueles que vierem depois de você. Seu sofrimento significa que você agora sabe exatamente como os outros vão se sentir também; e você pode assim dar a eles o verdadeiro apoio, baseado na compaixão nascida da sua própria dor.

9
DECEPÇÃO

Isso é muito bom! Significa que você deseja algo tão ardentemente que se sentiu desapontado quando não conseguiu obtê-lo Enriquecido agora por tudo o que aprendeu, esqueça seu fracasso e encare o futuro honestamente. Trace com cuidado seus planos de batalha, levando em conta cada detalhe. Agora é o momento de dec são e você deve decidir a continuar, a tentar de novo. Quando o sucesso chegar, você sentirá uma satisfação ainda maior, pois agora sabe o que a decepção significa. Não desperdice essa experiência; use-a como força propulsora que leva você na direção da sua meta.

10
PREOCUPAÇÃO

A preocupação é um bicho de sete cabeças — corte fora uma cabeça e duas outras crescem no seu lugar! É à noite que esse monstro ataca com todo a sua força. Quando estiver com uma preocupação, combata-a com um pensamento positivo. Pense nas coisas de que você gosta na vida, que você valoriza mais. Não espere que o monstro ataque; prepare seus pensamentos positivos agora. Deixe-os prontos antes da batalha. Não é bom deixar para armar suas defesas durante a noite. Deixe-as prontas de antemão, durante as horas favoráveis do dia, enquanto o monstro dorme. Quando a preocupação bater, contra-ataque com pensamentos positivos e você verá que o monstro se dissolve.

11
RANCOR

O rancor é uma emoção forte, e as emoções fortes indicam que há algo escondido dentro de você. Talvez você tenha um motivo justo para se sentir assim. Mesmo que você tenha motivos para sentir rancor de alguém, existe a possibilidade de que aquilo que você odeia nessa pessoa seja algo que você tem dentro de si — uma parte sua que você não aceitou e que "infeccionou", manifestando-se em forma de rancor. O mundo está cheio de "outros" que estão errados enquanto nós estamos certos; "outros" que agiram mal, enquanto nós somos sempre bons. A maturidade e a experiência nos ensinam que o mundo não é assim, preto no branco, que cada ser humano tem um lado branco e um lado negro, embora o lado escuro, repudiado, fique geralmente oculto do público. Encontre esse lado em si mesmo e contemple-o. Se puder reconhecê-lo, seu rancor se transformará. Você não será mais martirizado por ele e não terá mais inimigos.

12
MEDO

Esse sentimento é um dragão que deve ser enfrentado e derrotado. Uma maneira de vencê-lo é pensar na pior coisa que poderia lhe acontecer nas circunstâncias em que você se encontra. Analise cada uma das possibilidades e olhe-as de todos os ângulos. Certifique-se de que investigou atentamente tudo que pode acontecer de ruim. Você irá perceber que, seja lá o que aconteça, não poderá ser pior do que tudo que você imaginou. Se fizer isso da maneira certa, você verá seu medo se transformar em entusiasmo diante da idéia de travar uma batalha com o seu dragão. E quando o tiver derrotado, irá perceber algo de belo dentro de si mesmo: um tesouro oculto será encontrado.

13
SOLIDÃO

Ser incapaz de se abrir ou de compartilhar a própria experiência com outra pessoa traz a solidão. Se você sente solidão, volte-se para dentro e faça companhia para as muitas facetas do seu mundo interior. Sua solidão se extinguirá e o seu mundo será povoado com tantas facetas novas e inexploradas que você se esquecerá do seu problema. Além disso, você descobrirá que está vivendo num mundo vivo, com o qual você tem um relacionamento. Afinal, você não está sozinho; você pode fazer amigos onde quer que você olhe. Se depois de tudo isso, você quiser compartilhar esse mundo interior vivo com outra pessoa — se você quer um amigo — então você deve ser o seu próprio amigo. Não espere que o mundo venha até você, mas saia e procure por ele.

14
EGOÍSMO

Solidão e egoísmo têm muito em comum, pois um alimenta o outro. Manter algo só para si e não compartilhar com ninguém quer dizer que você se isola do mundo e dos possíveis relacionamentos com outras pessoas. O egoísmo é o solo fértil da solidão. A forma como você trata os outros ou a si mesmo, determina a forma como você será tratado. Em outras palavras, se os outros parecem egoístas, isso é uma reação ao seu próprio egoísmo. Saia e procure ser generoso com as outras pessoas; o mundo responderá da mesma forma. Tudo o que você precisa é fazer uma gentileza sem esperar nada em troca.

15
DESCONSIDERAÇÃO PELAS OUTRAS PESSOAS

Algumas pessoas acham que a meditação é uma prática egoísta, que faz com que centremos nossa atenção em nós mesmos. Acusam-na de não pensar nos outros, não no sentido de não existir esse pensamento (pois isso às vezes é a qualidade da meditação), mas no sentido de não ter interesse nenhum pelos outros. Por outro lado, você pode ver que a desconsideração, no sentido de não se preocupar com os outros, pode resultar da *falta* de meditação, de não despender um certo tempo tornando-se consciente, fazendo uma pausa e sendo sensível às mensagens que estão tentando chegar até você. Se você não costuma levar os outros em consideração, procure manter-se sereno por um tempo, contemplando tudo o que se passa e, principalmente, procurando conhecer as necessidades dos outros.

16
GANÂNCIA

Procure estabelecer limites, principalmente quando pretende acumular alguma coisa. Se você desrespeitar esses limites, o seu ganho significará que alguém está perdendo e que existe uma linha além da qual você não deve ir. Na verdade, se você ultrapassa essa linha, seus ganhos não são verdadeiros — em algum outro aspecto você está perdendo. Por exemplo, se uma pessoa tem ganância por bens materiais, ela perde a noção do verdadeiro valor da vida. Se você valoriza mais as coisas do que as pessoas, então você deve ter sucumbido à ganância. Se, na lista das suas prioridades, os ganhos materiais são mais importantes que a sua própria saúde e a dos seus amigos, seu caminho no futuro pode ser difícil. Encontre a sua linha, seu limite natural, e respeite-a. Então, você terá tempo para se dedicar a todas as coisas da vida que são realmente importantes.

17
DESONESTIDADE

Se existe desonestidade na sua vida, então medite sobre ela, descubra de onde ela vem e por que está aí. A seguir, defina exatamente com quem você está sendo desonesto. Talvez você esteja sendo desonesto consigo mesmo; talvez você não tenha sido totalmente honesto ao considerar o que você realmente quer da vida, o que deveria e o que não deveria fazer. Se for esse o caso, você está bloqueando o próprio caminho e, portanto, não pode mais progredir. Lembre-se da "Roupa Nova do Imperador": não há nada a ganhar com a desonestidade, mesmo se você só acompanha a multidão. Seja você mesmo, seja honesto consigo mesmo, e então poderá ver claramente o que você precisa fazer.

18
INVEJA

Ser invejoso é negar a si mesmo. Basicamente, é querer ser outra pessoa e ter o que ela tem. Isso é o mesmo que querer jogar fora a sua vida; é querer se desfazer da coisa mais preciosa que lhe foi dada. Se você acha que os outros têm inveja de você, não fique lisonjeado com isso, mas veja se há algum modo de distribuir o que você tem e que os outros tanto desejam. Se você sente inveja, medite primeiro sobre o objeto do seu desejo. Então, visualize você mesmo já possuindo o que deseja. O que você quer não está no mundo lá fora, está em você; só que você ainda não descobriu. Quando descobrir, sua inveja desaparecerá.

19
CRUELDADE

O mundo natural está cheio de crueldade. Isso, por si só, não é ruim. A crueldade nociva é aquela que pode ser evitada. Causar dor desnecessária e de propósito em outro ser é a verdadeira crueldade. Se você costuma fazer isso ou conhece alguém que faz, então medite sobre a crueldade e procure uma ligação que falta na sua vida, uma ligação que foi interrompida em algum momento. Quando essa ligação for restabelecida, sentimentos verdadeiros e a compaixão poderão fluir outra vez. Você verá como a crueldade é um erro, pois irá sentir o que é sofrer por causa da crueldade. Assim, primeiro encontre o buraco, depois remende-o. A chave irá destravar seus sentimentos e eles irão fluir outra vez, desimpedidos. Quando isso acontecer, não tenha medo de chorar, pois esse é um sinal de que você está sendo sincero.

20
DESTRUTIVIDADE

O impulso de destruir é um impulso criativo que está sob grande pressão — está bloqueado ou foi frustrado. A destrutividade pode ser contida se removermos o obstáculo, qualquer que seja ele. Então, a destruição pode tornar-se a base da criação, o abandono do velho, de modo que haja espaço para que o novo se manifeste. Para que isso aconteça, é preciso que se compreenda a destrutividade, pois ela raramente é gratuita; — ela geralmente tem um motivo para existir. Encontre esse motivo, procure descobrir quem ou o que esse processo destrutivo visa atingir no futuro, e então remova qualquer bloqueio nesse sentido, deixando que isso se transforme naturalmente em criatividade.

21
DESESPERO

Talvez seja o momento de se soltar, de liberar tudo o que está causando desespero para que você possa começar novamente, abrindo mão de tudo o que for impossível. Simplesmente, deixe acontecer. Se você está em desespero, pode ser que esteja tentando nadar contra a corrente, tentando remar contra a maré. Se foi esse o caso, mude sua direção para que possa receber o apoio das energias ocultas. Siga o fluxo, mesmo que isso represente, aparentemente, um passo para trás. Você verá sua vida tomando um outro rumo, e o desespero desaparecendo no horizonte.

22
EXAUSTÃO

É exatamente o momento para você se voltar para dentro e se recompor para recuperar suas energias vitais. Não as impeça de se manifestar. O inconsciente é uma fonte inesgotável de generosidade e você pode confiar nela e receber suas bênçãos. É por meio de nossos sonhos, quando dormimos — ou durante a meditação — que somos reabastecidos por essa fonte. Chegou o momento da renovação, para que você possa encontrar a paz dentro de si. Algo pode estar sugando suas energias vitais; por isso, você precisa encontrar essa influência negativa e liberá-la. Você encontrará a solução dentro de si mesmo.

23
RAIVA

Não se sinta culpado por expressar a sua raiva — não é bom reprimi-la. Quando você a expressa, abertamente, ela é expurgada, livrando você de seus efeitos negativos. Assim, expresse a sua raiva, mas certifique-se de que ela não é cega, de que pode controlá-la sem causar um dano irreparável. Os amigos e os entes queridos irão compreender e apoiar você. A raiva acumulada e não expressada tomará conta de você e acabará se expressando de uma forma descontrolada, destrutiva. É muito melhor reconhecer sua raiva e expressá-la de maneira apropriada.

24
CONFUSÃO

Se a vida para você não faz sentido, se você não consegue compreendê-la por meio da razão, então é hora de acreditar na sua intuição. Não peça aos outros que lhe dêem as respostas, mas olhe para os seus sentimentos. Deixe que eles falem por você. Não procure uma explicação baseada na lógica; olhe para as mensagens que chegam do inconsciente e se revelam através da sua imaginação e dos seus sonhos. Agora é o momento de contemplar os seus símbolos pessoais e deixar que eles atuem em você. Não os analise; simplesmente conviva com eles, deixando que cresçam, se modifiquem e se desenvolvam. A imaginação precede a inspiração. A intuição vem antes da conclusão certa. O tempo de confusão é como a noite antes do dia. É o início de um processo; portanto, não o interrompa e tudo se esclarecerá.

25
FRACASSO

Quando você vê os outros conseguindo algo que você queria, esteja consciente de que, antes de serem bem-sucedidas, essas pessoas podem ter passado por muitos fracassos, talvez até mesmo mais retumbantes que o seu. Isso não as impediu de ir adiante e de transformar seus fracassos em sucesso. Todas as coisas acabam se transformando no seu oposto. É assim que funcionam as situações da vida num nível mais profundo; portanto, é bem natural que seu fracasso se transforme em vitória se você persistir até que o processo se conclua naturalmente.

26
AMARGURA

A amargura não é um sentimento agradável; contudo, é um sentimento humano e existe uma forma certa e uma errada de encará-lo. Assim como morder um limão, o sentimento pode chegar a ser um choque para o organismo, mas é passageiro. Essa é a questão: a amargura deve se fazer sentir e, então, passar. Se ela se prolongar, mande-a embora. Não morda o mesmo fruto duas vezes. Em geral, entre os sentimentos de amargura estão lembranças doces, e é isso que você deve manter em primeiro plano. Medite sobre o significado do sabor agridoce e você pode ver como um sentimento que não é nada agradável poderá fazê-lo sentir algo que é o seu oposto. Você não pode viver plenamente sem compreender todo o alcance da experiência humana.

27.	Amor	40.	Coragem
28.	Alegria	41.	Zelo
29.	Sucesso	42.	Altruísmo
30.	Confiança	43.	Honestidade
31.	Generosidade	44.	Sabedoria
32.	Apoio	45.	Sensibilidade
33.	Doação	46.	Gentileza
34.	Receptividade	47.	Resistência
35.	Expectativa	48.	Apoio
36.	Amizade	49.	Isolamento
37.	Aspiração	50.	Cura
38.	Esperança	51.	Compaixão
39.	Dedicação	52.	Consciência

SUGESTÕES PARA MEDITAÇÃO

27
AMOR

Um dos maiores dons da humanidade é a capacidade de amar. Quando iniciamos um relacionamento afetivo com alguém ou com algo, duas relações são estabelecidas — uma com a pessoa e outra com o eu interior, com uma parte dos nossos eus. Esse é o verdadeiro sentido da cura; estabelecer um relacionamento e formar um todo. Assim, o amor tem o poder de curar, não só num nível mundano, mas no nível cósmico, pois é possível estabelecer um relacionamento com algo muito maior que atua no universo. A experiência desse "algo muito maior" se desenvolve com o amor.

28
ALEGRIA

Você pode sentir alegria por qualquer coisa, quando você a aprecia da forma correta. A alegria vem espontaneamente quando nos abrimos para ela e deixamos que entre na nossa consciência. É quase como se ela esperasse o seu convite e, assim que abrimos o portão, lá está ela. A alegria pode ser encontrada mais facilmente nas pequenas coisas, basta que as contemplemos: nas cores que chegam aos nossos olhos e nos sons que nos chegam aos nossos ouvidos, ao longo do dia. Abra os olhos e os ouvidos e deixe que a alegria entre.

29
SUCESSO

Ter sucesso é uma questão de ter pensamento positivo. Para ser bem-sucedido, aja como quem *é* bem-sucedido. Seja claro sobre o que o sucesso significa para você. Mas isso não significa que você tem uma desculpa para não fazer nada! Pode ser preciso fazer muita coisa para alcançar o sucesso. Você está agradando aos outros ou agradando a si mesmo? Isso também é uma questão que exige consideração total, pois a sua idéia de sucesso pode não ser necessariamente a mesma que a das outras pessoas. Para ser verdadeiramente bem-sucedido, você tem de ser você mesmo, descobrir o que a liberdade significa para você e prová-la. Primeiro, descubra o que você deveria estar fazendo. E então, faça.

30
CONFIANÇA

A fé e a confiança caminham de mãos dadas. Se há uma tarefa que você precisa executar e você quer ter confiança para fazê-la bem, primeiro se assegure de que você está bem preparado. Faça seus planos cuidadosamente e atente para todos os detalhes. Então, esqueça-se deles e execute a sua tarefa. Você descobrirá que, se fez o trabalho de base, algo irá lhe suceder no meio do caminho, vindo para lhe dar apoio.

31
GENEROSIDADE

A generosidade é uma filosofia de vida, não apenas algo que você faz. Ser generoso de espírito significa doar-se e compartilhar seus dons com os outros. Deixe que o seu ser fique repleto daquilo que você pode oferecer aos outros, e então abra-se para que isso possa transbordar. Irradie generosidade! Quando estiver com as outras pessoas, elas irão sentir isso e crescerão com a sua generosidade. Você pode compartilhar generosamente seus sentimentos, seus talentos, suas idéias, sua simpatia, seu apoio e o seu Eu.

32
APOIO

Dar e receber apoio é necessário, para que possamos crescer e nos desenvolver. Podemos conseguir muito sozinhos, porém podemos conseguir muito mais se dermos e recebermos apoio. Num sentido mais amplo, é assim que a sociedade se desenvolve e evolui. Às vezes, dar apoio a outra pessoa é difícil, especialmente se você não concorda com o que ela está fazendo. O resultado, no entanto, sempre é positivo, pois quando oferecemos ajuda, ela raramente é recusada, e quando é aceita, você está criando as condições certas para o crescimento e a expansão. Dando apoio aos outros você está apoiando a si mesmo.

33
DOAÇÃO

A verdadeira doação é a que não impõe condições, nem exige nada em troca. Doe-se dessa maneira e será recompensado muitas vezes pelo seu empenho. A doação desinteressada é uma chave para a meditação, pois ela põe abaixo nossas defesas para que o espírito da vida possa entrar no seu coração. Essa é a recompensa pelo ato de se doar. Tente isto: dedique uma parte do seu tempo livre a alguém que necessita, e incentive os outros a fazer o mesmo. Quanto mais pessoas estiverem dispostas a se doar dessa maneira, melhor será a qualidade de vida para todos. A doação é uma forma de fazer a sua contribuição para criar um mundo melhor para se viver.

34
RECEPTIVIDADE

Você consegue receber sem restrições? Consegue se abrir para receber presentes? Eles podem vir de outras pessoas, mas estamos nos referindo aos presentes que o seu eu interior lhe oferece durante a meditação. Esses presentes devem ter uma aplicação prática na sua vida, e você terá tudo de que necessita num dado momento. Ele pode vir na forma de uma intuição, de uma inspiração, de confiança, de capacidade, de força, de amor, de esperança, de sucesso, ou de muitas outras formas. Seja o que fôr que precise, você pode receber isso de dentro de si mesmo. Nada disso pode ser obtido no mundo material; essas qualidades só podem ser encontradas em pessoas e, como os tesouros enterrados, geralmente estão bem lá no fundo. Mas estão todas ali, à disposição, num manancial infinito.

35
EXPECTATIVA

Se você souber que algo de bom vai lhe acontecer mas não está certo de quando será, não despreze a experiência que vem antes do acontecimento — a expectativa. Seria como iniciar uma jornada só pelo prazer de viajar e não para chegar a algum destino. A expectativa incita você a chegar. Saber que algo irá acontecer muitas vezes nos deixa cegos para o momento presente; portanto, continue com os pés firmes no presente, apreciando cada gota de vida que possa vir daí.

36
AMIZADE

Não espere que a amizade chegue até você; crie-a, sendo o seu próprio amigo. Para ter um amigo você precisa ser amigo, e isso significa sair e fazer algo a respeito. Seja o seu próprio amigo; seja amável consigo mesmo; dê a si mesmo um momento de prazer. Isso pode significar um descanso, uma pausa para descarregar a tensão e meditar tranqüilamente, deixando que as mensagens sobre o que você realmente necessita possam chegar até você. Seja amigo de si mesmo e você descobrirá que o seu corpo, a sua mente e o seu espírito agradecerão, e certamente não serão seus inimigos.

37
ASPIRAÇÃO

Como a expectativa (ver item 35), a aspiração é um sentimento orientado para o futuro. Durante a meditação, esse sentimento pode distraí-lo, pois sua atenção deve estar no momento presente, no aqui e agora. Essa atenção no presente não dispersará a sua aspiração — mas procure desviar sua atenção do evento futuro, do objeto da sua aspiração e concentre-a no próprio sentimento de aspirar a algo. Isso lhe trará uma introvisão acerca do seu significado e também ajudará a acabar com qualquer ilusão que possa se colocar no seu caminho.

38
ESPERANÇA

Mesmo quando estamos no fundo do poço, há sempre uma esperança. Esse é um atributo humano que sempre estará ali, não importa o que aconteça. Não tenha medo de ter esperança; deixe que ela cresça, pois outras coisas virão a partir dela. A esperança é como a luz do sol para a flor, que sentirá os seus raios e abrirá suas pétalas para recebê-lo. A esperança está muito próxima da fonte interior da vida, da nossa existência real. É uma base sobre a qual todas as nossas aspirações e sonhos podem ser construídos; portanto, assente bem os alicerces.

39
DEDICAÇÃO

Dedicar-se é abrir as portas para possibilidades infinitas. Dedicação quer dizer ir até o seu limite e, nesse ponto, você sempre achará que há algo mais, que você pode ir mais além. Então, seus limites serão superados — você sempre pode fazer mais do que imaginou ser possível. Atingir um objetivo aparentemente inalcançável requer dedicação, e a dedicação o fará alcançar esse objetivo. Medite a respeito da sua meta ou do seu sonho impossível. Então medite a respeito da dedicação e do que isso significa para você. Se quiser manter seus limites já conhecidos, tudo bem. Mas se quiser ir além deles, você vai precisar de dedicação.

40
CORAGEM

Ser corajoso quer dizer fazer algo que sabe que está certo mas que você preferiria não fazer. Ter coragem é assumir um risco quando o resultado justifica essa ação. Ter coragem é agir quando o resultado é incerto. Ter coragem é encarar uma tarefa tendo em vista sua conclusão. É preciso muita coragem para ser você mesmo; é corajosa a pessoa que não vive uma vida convencional. Geralmente, essa forma especial de coragem é necessária para não se viver uma vida que não tem possibilidade de florescer. Ter coragem é ter algo necessário para se viver uma vida autêntica, que esteja conforme com o seu caminho.

41
ZELO

Seja gentil e atencioso consigo mesmo. Não castigue a si mesmo por ainda não ter alcançado a sua meta, mas cultive as qualidades que quer desenvolver e fortalecer. Enquanto não fizer isso, você é como uma criança que precisa de incentivo e compreensão — ela não deve ser oprimida, mas acalentada. Se você zelar pela sua criança interior você conseguirá fazer com que certas qualidades se desenvolvam e floresçam; portanto, esteja consciente das necessidades da sua criança dia após dia. Você pode fazer isso por meio da meditação, observando e atendendo a essas necessidades, à medida que elas se revelam. Você precisa zelar pela sua criança não só durante um período de tempo; este é um longo processo que deve continuar para sempre.

42
ALTRUÍSMO

Ser altruísta é remover obstáculos. Com muita freqüência, nosso ego é tão forte que nada mais pode entrar na nossa consciência. Agir de forma altruísta significa que os limites do ego se tornam transparentes à luz da consciência maior e, na meditação, isso pode ser de grande ajuda. Aja de modo altruísta e você crescerá em consciência e conhecerá novas dimensões da realidade. Essa é uma chave da consciência expandida que nos foi legada pela antiga sabedoria tanto do Oriente como do Ocidente. Quando perdemos nossa identidade, recebemos outra maior. Agir com altruísmo é abrir a consciência para uma noção maior de si mesmo.

43
HONESTIDADE

Há qualidades que fazem com que a vida se abra para nós e há outras que parecem nos fechar todas as portas, negando-nos qualquer possibilidade. A honestidade é uma das qualidades que enriquecem a nossa vida. Na meditação, significa ser honesto consigo mesmo. A análise da nossa personalidade interior supõe um encontro com nossos pensamentos e sentimentos e com a nossa imaginação. Temos que ser leais com todos eles. Cuidado com a ilusão e, principalmente, cuidado com a idéia da "Roupa Nova do Imperador". Você está em busca da sua verdadeira individualidade e, não importa o que encontre, não importa o que seja real para você, é a isso que você tem de ser leal. Isso pode significar que as suas experiências podem ser diferentes das experiências dos seus amigos. Está tudo certo. Um praticante de meditação experiente não se deixa levar pelos outros como um carneirinho.

44
SABEDORIA

A fonte da sabedoria é a experiência, pois é da experiência que vem a capacidade de fazer certos julgamentos sobre a vida e de diferenciar entre o certo e o errado. Quando você acaba de tomar consciência de alguma coisa, essa nova idéia ainda não está amadurecida, não foi lapidada; portanto ainda não sabemos como ela se desenvolverá. Com a experiência vem a capacidade de assimilar essa nova idéia e de criar a partir dela algo valioso e duradouro; vem a capacidade de tomar o material bruto da consciência para criar algo de útil não apenas para nós mesmos, mas também para as outras pessoas. Não é sensato simplesmente apresentar o material bruto; ele precisa ser guardado até que a experiência comece a lapidá-lo. Então, nossas palavras serão sábias e levadas em conta. As outras pessoas serão influenciadas e poderão aprender conosco.

45
SENSITIVIDADE

Com o silêncio e o dom de saber ouvir e observar vem a sensibilidade. Observe como você aprende melhor as coisas quando está em silêncio, sereno. Para desenvolver a sensibilidade, fale menos e ouça mais, olhe menos e veja mais. Deixe de lado suas opiniões e crenças por um tempo de modo que possa captar as opiniões e crenças dos outros. Espere o momento certo para agir, mas, enquanto espera, permaneça tranqüilo. O desenvolvimento da sensibilidade fará com que você compreenda melhor as mensagens do seu eu interior e aquilo que as outras pessoas lhe dizem. Você saberá então o que precisa fazer.

46
GENTILEZA

Procure ser gentil se quiser viver melhor, particularmente no que diz respeito aos relacionamentos. Um ato inesperado de gentileza, mesmo para com alguém que lhe é antagônico, provocará uma mudança de 180 graus. Um ato de gentileza irá incitar o universo a recompensar você, embora não seja essa a sua intenção. Se você está no fundo do poço, se não consegue ser bem-sucedido, se está deprimido diante do mundo, querendo saber se tudo isso vale a pena, eu recomendo que seja gentil, mesmo que seja apenas consigo mesmo. O resultado superará em muito as suas expectativas e converterá uma curva descendente em outra, ascendente.

47
RESISTÊNCIA

As coisas de fato importantes são, em geral, de difícil obtenção e podem exigir um bocado de tempo, de persistência e de resistência. Na meditação, no entanto, não se trata de resistência física, pois não há nenhum desafio a enfrentar, nem dor nenhuma a que resistir. Resistência aqui significa a capacidade de persistir até o fim, dar tempo para isso, ser paciente e esperar pela mudança. Na meditação, resistência significa aceitar essa mudança; assim, a inspiração virá, e qualquer sofrimento não será suprimido mas transformado. A resistência deve durar enquanto isso não aconteça.

48
APOIO

Se o apoio não lhe chegar de fora, você o encontrará no seu íntimo. Existem três formas de consciência: a primeira é a nossa consciência diária, a consciência da nossa realidade normal, cotidiana; a segunda é a consciência da imaginação e dos sonhos que nos chegam quando dormimos; a terceira está mais além, e é a consciência do sono não-onírico. É por meio dessas três consciências que percebemos o mundo, que damos forma à nossa realidade diária, que conhecemos quando estamos acordados. Quando dormimos, tudo volta a desaparecer no sono. Essa realidade final, a fonte de tudo o que conhecemos, é o que você pode transformar em apoio. É daí que vêm todas as coisas e é para lá que elas retornam. Essa fonte é a base do nosso ser e o apoio com o qual construímos a nossa vida.

49
ISOLAMENTO

Quando estiver sozinho consigo mesmo, você não estará de fato sozinho. Se puder voltar sua atenção para si próprio, estará na companhia de um mundo rico e gratificante de sentimentos, pensamentos e fantasias. Entre em contato com esse mundo através da meditação e você nunca mais se sentirá sozinho. Mas todos nós precisamos de uma certa dose de isolamento para que possamos nos voltar para o nosso mundo interior e obter amparo, apoio e renovação. Na nossa vida há muitos ciclos em curso. Um processo natural que é geralmente negado é o ciclo de isolamento. Por um tempo, todo mundo deveria voltar-se para dentro, ficar sozinho consigo mesmo e se renovar. Esse sentimento de renovação pode então se voltar para fora, e a vida diária continuará novamente.

50
CURA

No seu verdadeiro sentido, curar não é o mesmo que fazer o bem, embora isso possa ser uma conseqüência da cura. Curar é tornar algo íntegro, é reunir algo que já foi dividido. Em termos holísticos, isso quer dizer que, quando cuidamos de nossas doenças, não é apenas o corpo físico que precisa de tratamento; o ser vivo que é o nosso eu, também. Curar significa fazer com que o nosso eu consciente e o eu inconsciente se relacionem, estabelecendo uma ligação entre os mundos interior e exterior da experiência para construir uma ponte entre a mente e o corpo.

51
COMPAIXÃO

A cura traz consigo a experiência da compaixão. Quando conseguimos compreender o que é preciso para nos curar, compreendemos o que pode ser preciso para os outros, e se outras pessoas estão sofrendo, sofremos junto com elas. Ser compassivo, compreender e sofrer com os outros é assisti-los em sua cura e aliviá-los de alguns de seus fardos. Curar a nós mesmos requer consciência; curar os outros requer compaixão.

52
CONSCIÊNCIA

A consciência pode vir por meio do silêncio na meditação. Na vida diária, somos bombardeados por sensações, pensamentos e sentimentos; estamos à mercê deles, que nos comandam e nos fazem agir sem estarmos conscientes das nossas razões. Nessa situação, não estamos no controle, embora preferíssemos pensar que estamos. Se fizermos uma pausa na nossa atividade diária e nos aquietarmos poderemos ouvir tudo — cada pensamento, cada sentimento e cada sensação que está nos afetando. Então você se tornará consciente de si mesmo — e será capaz de reagir da forma correta e assumir o controle da sua vida.

10
Seção de perguntas e respostas

Este capítulo apresenta uma série de perguntas que podem ter-lhe ocorrido ao ler este livro e ao fazer as meditações. Algumas das informações você já terá obtido; mas aqui será apresentada uma recapitulação para você usar como um guia de referência fácil e rápido. Alguns assuntos serão tratados com mais detalhes, enquanto outros só foram mencionados ao longo do livro, ou serão inteiramente novos.

O que é meditação?

No contexto deste livro, meditação significa consciência tranqüila. O método que desenvolvi é baseado nas técnicas orientais de meditação, porém há algumas diferenças fundamentais, pois meu objetivo é apresentar uma forma de meditação que se adapte à maneira de pensar e ao estilo de vida do Ocidente. As experiências de relaxamento e a consciência expandida não são comuns, e normalmente não são estados pelo qual passamos ao mesmo tempo. Junte os dois e você terá a base daquilo a que sempre me refiro como "a experiência da meditação". Dois itens são necessários para se produzir essa experiência: primeiro, técnicas de relaxamento; segundo, técnicas para criar uma consciência expandida. É a isso que se referem todas as meditações deste livro. A principal conseqüência desse método é o fato de que, em vez de esvaziar a mente, como em muitos métodos orientais, sua meta é aceitar o que quer que venha à sua mente — pensamentos, sentimentos, imagens, sensações — e simplesmente observar. Dessa forma, você se torna consciente daquilo que está se passando dentro de você e poderá então lidar com os fatos da vida diária de maneira mais adequada, melhorando assim sua qualidade de vida.

Ao longo deste livro, são apresentadas outras técnicas de conscientização — em particular o pensamento positivo, a técnica de visualização, a autocura e a auto-hipnose. Para criar uma resposta de relaxamento, fiz uma breve exposição de sistemas como a Técnica de Alexander e os autógenos (ver páginas 186 e 188 para mais informações).

Quais são os benefícios da meditação?

A consciência tranqüila traz o benefício imediato de tornar você capaz de controlar seus níveis de tensão. Isso, por sua vez, tem um efeito positivo na saúde e no seu bem-estar em geral. A meditação é, portanto, a prática ideal para pessoas com um estilo de vida estafante, ou que estão se recuperando de uma doença provocada pelo estresse. Como a meditação é uma prática holística que envolve a mente, o corpo e a relação entre os dois, os benefícios se estendem por quase todas as áreas da sua vida, especialmente aquelas ligadas aos relacionamentos. A meditação coloca você em contato com o seu eu e com suas necessidades, ajudando-o a alcançar satisfação na sua vida. Isso significa relacionamentos menos problemáticos, tanto com o eu interior quanto com as outras pessoas. Meditar leva você a manter um relacionamento adequado com o mundo em geral; portanto, outro benefício significativo da meditação é proporcionar uma sensação de pertencer a um grupo, de ter um objetivo. Longe de afastá-lo dos outros, a meditação coloca-se em contato com o mundo em que você vive.

A meditação tem algum efeito negativo?

A regra de ouro é: se alguma coisa o faz sentir-se bem, ótimo; se não, não a faça. A meditação deve ser uma experiência prazerosa, que lhe traga muitos benefícios. Se não for assim, essa técnica não serve para você. Quando meditar pela primeira vez, pode ser que você se sinta inseguro ou em dúvida quanto aos seus efeitos, porém você deve persistir, pois isso é normal. Se a incerteza não diminuir, esse é um sinal certo para parar. Como tudo na vida, a meditação deve ser feita com moderação. Procure não passar muitas horas fazendo meditação ou praticá-la com demasiada freqüência.

Como devo preparar o ambiente para a meditação?

Em geral, o lugar e o horário da meditação não são relevantes, mas certas condições irão favorecer sua experiência de meditação. Quanto ao ambiente, é bom levar em consideração algumas sugestões simples. A luz não deve ser muito clara e a sala deve estar numa temperatura agradável. Procure certificar-se de que não será perturbado e afaste-se de qualquer barulho que possa interferir (tire o telefone do gancho, por exemplo). Use roupas folgadas. Meditar no mesmo lugar e no mesmo período do dia ajuda a criar um clima de ritual. Uma cadeira especial ou esteira para meditação são geralmente utilizadas e, antes de começar, você pode preparar o espaço colocando alguma música suave para tocar e acendendo uma vela ou queimando incenso. Procure criar uma atmosfera em que você se sinta à vontade. Você irá descobrir que a prática regular da meditação parece mudar a atmosfera do ambiente; portanto, esteja atento a isso e procure criar uma atmosfera agradável. Gosto de ter algumas flores na sala e você pode, se quiser, incluir um ou dois objetos especiais — um cristal, por exemplo, ou um quadro ou enfeite que tenha algum significado especial para você.

Posso meditar sozinho?

Sim, e uma das razões por que eu escrevi este livro é demonstrar que é possível meditar com sucesso sem a presença de alguém mais experiente. Tradicionalmente, costuma-se considerar necessário ter um professor, porém com o meu método você pode ser o seu próprio mestre.

Há vantagens na meditação em grupo, assim como há vantagens em se meditar sozinho. No segundo caso, você pode respeitar o seu ritmo e seguir o seu próprio roteiro. Você também não fica com o compromisso de meditar num horário especial ou num lugar especial. Em grupo, no entanto, você recebe o apoio dos outros membros e pode conversar sobre suas experiências. Meditações em grupo exigem mais disciplina e uma organização mais formal; elas geralmente são feitas na presença de um líder que os guiará de acordo com um programa de meditação.

As crianças podem se beneficiar com a meditação?

Sim. Ficar sentada ou deitada em silêncio por um longo tempo pode ser difícil para uma criança, mas isso não chega a ser um problema. As crianças geralmente têm pouca dificuldade para usar a imaginação e logo se acostumam a meditar. Nunca as force e não espere persistência. Na minha opinião, a meditação traz dois benefícios principais para crianças. Primeiro, nessa idade, o espírito místico está ausente da meditação; portanto, elas a vêem como algo perfeitamente natural. Segundo, em alguns casos, a meditação pode ajudar a acalmar uma criança superativa — mas isso nem sempre funciona!

Há algum problema se a minha meditação for interrompida?

O único problema é que você pode levar um susto — se, por exemplo, soar a campainha ou alguém o interromper. Em geral, o fato de se interromper uma meditação não causa nenhum mal. Por exemplo, se você se sentir incomodado ou por qualquer outra razão quiser parar de meditar antes do fim da seqüência, simplesmente abra os olhos, sente-se ou deite-se tranqüilamente por alguns segundos para se recompor, e então volte às suas atividades normais.

Quanto tempo é preciso para aprender a meditar?

Aprender a meditar não é uma questão de aprendizado, mas de prática. Assim que você faz sua primeira tentativa, já pode meditar; o resto é uma questão de experiência. Algumas pessoas se adaptam à técnica da meditação imediatamente, enquanto outras precisam de um pequeno incentivo e de disciplina para continuar a praticá-la por um tempo, até que os resultados e os benefícios apareçam.

Posso criar meu próprio programa de meditação?

Com toda a certeza, sim. Este livro foi escrito de forma que você possa segui-lo do início ao fim, se quiser. Mas sinta-se livre para adaptar as suas meditações e para criar o seu programa de trabalho.

Por quanto tempo devo meditar?

Se você estiver meditando em grupo, isso será determinado pelo programa do grupo. Se costuma meditar sozinho, então é você quem determina a duração do exercício — faça o que for melhor para você. A meditação pode durar alguns segundos ou meia hora. Não vá além disso. Não há necessidade de meditar por longos períodos de tempo. Neste livro, indiquei quanto tempo deve durar cada meditação, mas isso é apenas uma sugestão. A meditação incentiva-o a se tornar cada vez mais consciente das suas necessidades, o que inclui a duração do tempo em que deve meditar.

A freqüência com que pratica a meditação também é você quem determina, mas eu sugiro uma vez por dia. O ideal seria meditar todos os dias no mesmo horário, para dar uma sensação de continuidade e de ritmo nas suas meditações; mas não se preocupe se isso não for possível. A meditação costuma fazer com que nos sintamos mais despertos, por isso o melhor seria não praticá-la à noite, antes de ir para a cama, embora um programa de relaxamento seja exatamente o que você precisa para ajudá-lo a dormir. Não se preocupe se pegar no sono enquanto medita. Provavelmente é disso que você está precisando.

A meditação pode diminuir a tensão?

Certamente que pode. A meditação o ajudará a reduzir níveis elevados de tensão e a controlá-los. Certa dose de tensão, em níveis aceitáveis e na hora certa, pode ser benéfico, pois o ajuda a atingir uma meta, o que pode exigir motivação e força de vontade. Mas tensão demais pode fazer mal à saúde, e acabará prejudicando a sua qualidade de vida.

Qual é a melhor postura para a meditação?

Há dois critérios principais. O primeiro é que a sua postura deve ser confortável; o segundo, que você não deve ficar contraído ou curvado, o que afetaria sua respiração. Deitar de costas é aconselhável. Se sentado, certifique-se de que suas costas estão retas e bem apoiadas. Você precisa manter-se equilibrado e também relaxado. As posturas da ioga são boas, mas não necessárias. Elas ajudam você a dar uma boa espreguiçada antes de adotar uma postura, uma vez que isso ajuda na liberação da tensão e o prepara para captar as mensagens transmitidas pelo seu corpo. Fique atento a isso e você descobrirá a postura mais conveniente para você.

Evite usar jóias ou qualquer coisa que possa distraí-lo ou que possa apertá-lo. Usar roupas folgadas também é uma boa idéia.

O que é a Técnica de Alexander?

É um sistema baseado na idéia de que as posturas do nosso corpo refletem a maneira como somos. Segue-se daí que, se queremos modificar, é possível fazer isso mudando nossos hábitos de postura. Isso significa tornar-se consciente da maneira como nos movimentamos, nos sentamos, nos deitamos ou ficamos parados, e então mudá-las por meio de exercícios apropriados. Frederick Matthias Alexander, nascido em 1869, era um ator, mas tinha problemas de fala — às vezes ele perdia a voz no palco. Isso o levou a estudar os padrões corporais que adotava. Ele se concentrou naquilo que chamava de controle primário — o correto posicionamento da cabeça em relação à coluna, o que se torna possível relaxando o pescoço. A boa postura é uma decorrência do conhecimento do controle primário. Os princípios da Técnica de Alexander se assemelham às instruções da meditação zen e da postura equilibrada.

Qual é a maneira correta de respirar na meditação?

Certifique-se de que você não está numa posição desleixada, o que comprimiria seu abdômen e dificultaria a respiração profunda e livre. A meditação começa com a respiração controlada. Você precisa respirar de modo levemente mais profundo que o normal, ritmicamente (a contagem de respiração ajuda) e levando o ar até o abdômen na inspiração, de modo que o diafragma possa se expandir e contrair livremente. Inicie a meditação voltando a atenção para a sua respiração. Continue então a respirar em ritmo livre e aberto. Você acabará desviando sua atenção da respiração, como um ponto focal da sua consciência, a menos que prefira deliberadamente manter essa consciência.

Qual é a maneira mais fácil de relaxar?

Controlar a respiração é a maneira mais fácil de relaxar. Você pode fazer isso a qualquer momento, em qualquer lugar. Apenas respire fundo e deixe toda tensão sair de você à medida que expira. Você também pode dizer a si mesmo, enquanto expira: "Eu estou relaxado", ou simplesmente a palavra "Relaxado" ou "Calmo". Isso funciona, especialmente se você estiver nervoso por causa de um exame, de uma entrevista ou de uma visita ao dentista.

O que é a resposta de relaxamento?

É a reação do corpo às sugestões mentais para que você relaxe. Os seres humanos são criaturas sugestionáveis — faça-nos a sugestão correta e nós reagiremos de acordo. Dessa maneira a resposta de relaxamento não é uma conseqüência de algo que você faz no sentido físico, mas por dar a si mesmo as sugestões corretas; nesse caso, a sugestão para relaxar. Além disso, a resposta de relaxamento pode ser induzida criando-se condições adequadas para que isso aconteça; a postura, em especial, é muito importante.

O que é um mantra?

Para ajudar a mente a se concentrar, costuma-se usar um "objeto para meditação". Um mantra nada mais é que um desses objetos, porém, em vez de ser um objeto físico, é uma palavra ou frase repetida em voz alta ou para si mesmo. Dá-se o nome de yantra a uma imagem ou pintura utilizada como tema de uma meditação.

Eu costumo entoar mantras durante a meditação; no entanto, em vez de torná-lo algo místico ou esotérico, uso afirmações claras. Você pode escolher o seu mantra, dependendo daquilo que gostaria de conseguir. O mantra é combinado com um pensamento positivo para criar um aparato mental que não apenas ajude a focalizar a mente, mas que também surta um efeito positivo; por exemplo, estimular a autoconfiança, a memória ou um desempenho melhor numa dada tarefa.

O que é autogenia?

É uma eficiente técnica de relaxamento que foi desenvolvida por um psiquiatra alemão, por volta de 1920. Embora originalmente tenha sido usada como terapia, suas aplicações são muito mais amplas. Ela usa um misto de auto-sugestão e auto-hipnose, e é basicamente um programa de auto-ajuda em relaxamento. As auto-sugestões são dadas numa determinada ordem e suas afirmações são importantes. Os princípios da autogenia são fáceis de aprender e de aplicar. Você volta sua atenção para longe do ambiente exterior e se concentra nas sensações físicas, como peso e calor, o que proporciona o relaxamento muscular. O uso dos autógenos é aceito mais na Europa do que na Inglaterra e nos Estados Unidos, porém estão se tornando cada vez mais conhecidos.

Que são os tipos de personalidade?

A forma como você reage à meditação depende em parte do tipo de pessoa que você é. Ela pode ser exatamente o que precisa, ou pode não ser o procedimento mais indicado para você. A própria meditação irá ajudá-lo a compreender-se melhor, a tornar-se mais consciente do tipo de pessoa que você é.

Há séculos, os tipos de personalidade foram divididos em quatro categorias básicas: melancólico, sangüíneo, fleumático e colérico. Esses quatro tipos ainda são levados em conta na homeopatia, cujo tratamento é prescrito não apenas com base nos sintomas fisiológicos mas também nos "sintomas" da personalidade.

Há uma correspondência moderna na psicologia junguiana, que reconhece quatro tipos de personalidade: de pensamento, de sentimento, de sensação e de intuição. Esses, por sua vez, correspondem, em parte, aos elementos da Astrologia, Ar, Água, Terra e Fogo, respectivamente. Na verdade, a Astrologia vai ainda mais longe e apresenta doze tipos básicos, cada um representado por um signo do Zodíaco.

Os tipos de personalidade é um tema para um livro inteiro, mas para o que nos propomos basta dizer que é um assunto que vale a pena investigar. Ele faz com que você conheça mais a si mesmo, seu comportamento, a forma com que outras pessoas reagem a esse comportamento, e assim por diante. Ele também o ajuda a decidir o que se adapta melhor a você e que prática de meditação você deve adotar.

Que papel desempenha o ritual na meditação?

Em qualquer cerimônia, o ritual dá ritmo e padrão à vida. Também oferece um ambiente dentro do qual a ação e a experiência reais podem acontecer. O mesmo acontece na meditação. Se você segue um determinado ritual você tem uma estrutura dentro da qual trabalhar. O próprio ritual é muito menos importante do que o que acontece dentro dele — o que a experiência real é para você. É mais fácil desistir de um ritual se ele ficar complicado demais; portanto, faça com que o seu ritual seja o mais simples possível. Basta criar uma estrutura para a sua meditação, dentro da qual você possa trabalhar e que favoreça a meditação.

Quais são os efeitos fisiológicos da meditação?

Os efeitos incluem uma diminuição dos batimentos cardíacos, da pressão sangüínea, da taxa respiratória, do consumo de oxigênio, do metabolismo, dos níveis de lactato e de cortisona no sangue, das freqüências das ondas cerebrais e da tensão muscular. Há uma relação especial entre a tensão muscular e os níveis de ansiedade. O primeiro estágio do relaxamento e da meditação em geral consiste em se concentrar na respiração e, então, controlá-la. Isso afeta o fluxo de oxigênio na corrente sangüínea, que, por sua vez, afeta os batimentos cardíacos e outras funções associadas. Supõe-se que existe uma relação entre a mente e o corpo; na meditação, você começa a explorar essa relação e a desenvolvê-la, de modo que a mente e o corpo funcionem em harmonia e não de maneira antagônica.

O que é visualização?

A visualização é o processo deliberado de formar imagens ou figuras mentais. Seu efeito é semelhante ao sonho, porém enquanto os sonhos são involuntários, a visualização é algo sobre o qual podemos exercer algum controle. Da mesma forma que os sonhos são mensagens do inconsciente, as imagens criadas na visualização podem ser também interpretadas para revelar verdades a respeito do nosso eu interior. A meta não é controlar as imagens visualizadas, mas montar um cenário e, então, deixar que o inconsciente assuma o controle e modifique as imagens à vontade. Você poderá então observar essas imagens, deixando que elas mudem, cresçam e se desenvolvam. O poder dessa técnica está na capacidade de escolher o que você gostaria de explorar e então deixar que o inconsciente faça o trabalho. Assim como as imagens dos sonhos precisam de interpretação, o mesmo ocorre com as imagens visualizadas. Elas não devem ser interpretadas literalmente, mas como símbolos, cujo significado necessita da nossa permissão para se revelar.

O que é o inconsciente?

Essa é uma pergunta impossível de responder definitivamente, porém, no contexto deste livro, eu quero dizer que se trata de tudo dentro de nós que não está nos limites da consciência desperta. Podemos considerar o inconsciente como algo que tem uma realidade objetiva, uma realidade que existe dentro de nós. Ela é a fonte de todas as nossas experiências, pensamentos, sentimentos, imaginações e sensações quando em vigília; é o nosso banco de memória, e o que talvez seja mais importante, ela é a fonte de todos os nossos padrões de comportamento. Assim como há um mundo exterior objetivo, o inconsciente pode ser considerado como um mundo interior objetivo; é com ele que procuramos estabelecer contato por meio da meditação, para descobrir, analisar e aprender sobre o nosso inconsciente, sobre a nossa vida interior. O ego, a nossa consciência desperta, tem suas raízes no inconsciente. Ele é o chão do nosso ser.

O que é o ego?

É a atual personalidade consciente: o "eu", como costumamos conhecê-lo.

O que é um símbolo?

O símbolo é uma imagem ou objeto que encerra um significado muito mais profundo do que aquele que aparenta. Um símbolo liga-nos com o inconsciente, e o seu significado pode mudar e se desenvolver à medida que é trabalhado pelo inconsciente. Em outras palavras, o significado de um símbolo não é fixo, mas pode mudar-se e desenvolver-se.

Como interpretar os símbolos é uma questão complicada pois, embora haja interpretações comumente aceitas (isto é, interpretações arquetípicas), deve-se levar em conta a interpretação pessoal de cada símbolo. Isso significa que ninguém pode lhe dizer o que um símbolo significa para você; você deve ter a sua própria interpretação, que depende de como você se sente a respeito dele e de como você se relaciona com ele. A maneira certa de interpretar os símbolos em sonhos e visualizações é simplesmente conviver com eles e deixar que o seu significado se revele para você com o tempo. Você, no entanto, pode ajudar esse processo estudando as interpretações arquetípicas. Assim, você ficará cada vez mais consciente do que os símbolos significam, ou pode ter vislumbres intuitivos ou inspirados acerca do seu significado. Compartilhar com outra pessoa suas imagens interiores é uma boa maneira de ampliar o significado deles, bem como de manter um registro de suas experiências.

O que é um arquétipo?

Arquétipos são padrões inconscientes de energia e de comportamento, que têm propriedades que são compartilhadas por todos em todas as culturas. Geralmente, eles se manifestam em sonhos e visões, assumindo a forma de símbolos e imagens universais. Até um ponto que não percebemos, podemos ser guiados pelo seu poder. Se, contudo, nós os encontrarmos e nos confrontarmos conscientemente com eles, como na meditação, podemos aprender a relacioná-los e a usar suas energias de modo criativo, tornando-nos mais conscientes e mais completos. Um arquétipo pode se manifestar como um padrão inconsciente de comportamento. De uma maneira bem literal, os deuses do mundo antigo agora podem ser entendidos como arquétipos. Talvez eles não vivam mais no Monte Olimpo, e continuem a viver dentro de nós. Vênus, por exemplo, é a forma com que conduzimos nossos relacionamentos; Marte é a agressividade e a força de vontade que existe dentro de nós, e assim por diante.

O que é pensamento positivo?

Se um pensamento for implantado na mente humana, a pessoa reagirá a ele. Então, por que não incutir de forma deliberada na mente pensamentos positivos, para que nossa reação seja positiva? Essa é a base do pensamento positivo. A meta é alimentar o inconsciente com pensamentos que tendam a nos elevar, em vez de nos pôr para baixo. Essa técnica pode ser aplicada com sucesso na meditação. Escolha um pensamento positivo que seja adequado à sua própria situação ou necessidade e então use-o como um mantra (ver página 188), repetindo-o para si mesmo na meditação. Se você continuar dizendo a si mesmo que é uma pessoa sem valor, inútil, o seu inconsciente acabará acreditando e agindo como se isso fosse verdade; mas digalhe que você se sente seguro e competente, e ele responderá de acordo. Seus padrões de comportamento irão mudar exatamente da maneira certa, reforçando sua meta de aumentar sua confiança e competência, por exemplo. O pensamento positivo funciona — experimente-o!

O que é uma afirmação?

Uma afirmação é uma sugestão mental usada na meditação como um meio de reforçar o pensamento positivo.

Os sonhos são estimulados pela meditação?

Sonhos são mensagens do inconsciente, transmitidas em linguagem simbólica, e nossa relação com eles é difícil de ser definida. Geralmente, acontecem quando há necessidade de o inconsciente tentar afetar ou modificar nosso comportamento consciente. (Temos inúmeros sonhos durante um período de sono, mas nos lembramos apenas de alguns. Quer nos lembremos quer não dos nossos sonhos, eles nos influenciam. Nós costumamos considerar mais significativos aqueles dos quais nos lembramos simplesmente porque nos lembramos deles.)

Não sei se os sonhos são ou não estimulados pela meditação; o que eu sei é que a meditação, especialmente se acompanhada de visualização, está usando exatamente o mesmo processo do sonho. Nós devemos tentar compreender as imagens visualizadas e a forma com que elas se revelam, da mesma forma com que interpretamos sonhos e verificamos seus efeitos sobre nós. Você também pode incorporar suas experiências de sonhos nas suas meditações, evocando imagens de que se lembre ou que lhe pareçam especialmente significativas. Tente se lembrar e meditar sobre o seu último sonho.

Devo manter um diário das minhas experiências de meditação?

Essa é uma excelente idéia, por várias razões. O fato de anotar suas experiências fará com que você acabe encontrando mais significados para ela — novas conclusões e idéias irão se manifestar à medida que você escreve. Quase como os sonhos, a memória das meditações pode se apagar muito rapidamente; assim, anotar as experiências faz com que você tenha um registro para futuras referências. Com o tempo, você descobrirá padrões de desenvolvimento. Freqüentemente, algum acontecimento posterior confere um significado direto a uma dada experiência; portanto, se você mantiver um registro, você será capaz de referir-se a ele. (Conclusões acerca do significado ou da importância de uma experiência podem vir muito depois da experiência em si. A imaginação ou o símbolo vem primeiro, a compreensão, depois.)

O que são chakras?

Os antigos textos sagrados hindus chamados *Upanishads* descrevem sete centros principais de consciência que controlam todas as funções e experiências do ser humano (ver ilustração na página 62). Os principais chakras são o chakra da coroa, o chakra frontal, o chakra da garganta, o chakra do coração, o chakra do plexo solar, o chakra do sacro e o chakra da base. A teoria dos chakras foi incorporada à cultura ocidental e modificada, associando-se, por exemplo, as cores do arco-íris a cada um dos chakras. Acho essa teoria útil para ajudar a enfocar diferentes facetas da consciência; por isso, desenvolvi meditações associadas com cada chakra que possibilitam a você escolher uma determinada área com a qual gostaria de trabalhar. O que sabemos sobre os chakras associados ajuda-nos a aprofundar a experiência da meditação, incluindo cores, imagens e idéias apropriadas. Os chakras podem servir de tema para a experiência da meditação. Em termos mais esotéricos, eles são centros de energia fisicamente receptivos e ativos, que interpenetram e afetam o corpo físico e o sutil; são o elo de ligação com o ser físico através do sistema endócrino.

O que são correspondências?

Na Astrologia, pode-se fazer uma associação entre qualquer objeto ou experiência e um signo do Zodíaco quando eles têm alguma qualidade em comum. Por exemplo, o signo de Peixes é associado com a poesia, e, portanto, aquilo que é poético diz-se que corresponde a Peixes. Qualquer coisa que você queira mencionar corresponde a um determinado signo do Zodíaco, ou diz respeito a ele. Esse sistema de correspondências é útil porque se alguma flor, cristal, cor, emoção, erva, metal, carreira, parte do corpo ou qualquer outra coisa tem alguma importância para você (talvez vindo à tona na meditação), então você pode descobrir mais sobre o seu significado lendo sobre o signo correspondente do Zodíaco.

As correspondências são fatores fundamentais nas teorias acerca da relação entre mente, corpo e espírito, ou entre os mundos de experiência interior e exterior. Por exemplo, cada um dos sete chakras tem correspondências tais como as cores que eu uso na experiência da meditação. Outro exemplo está na alquimia, em que cada um dos planetas corresponde a um determinado metal: ouro/Sol, prata/Lua, mercúrio/Mercúrio, cobre/Vênus, ferro/Marte, estanho/Júpiter e chumbo/Saturno.

O que são as meditações com cores?

Cada cor tem um efeito sobre nós; por exemplo, o vermelho pode ser estimulante, ao passo que o azul acalma. As cores de que gostamos ou não gostamos podem ser interpretadas para fornecer revelações acerca do nosso estado psicológico. Na meditação, esses princípios são usados selecionando-se cores para provocar determinados efeitos. A correspondência das cores — neste livro, correspondência com os chakras em particular — também reforça o nosso conhecimento sobre a forma correta de usar a cor na meditação para produzir um efeito desejado, tal como aumentar a energia ou diminuir a tensão nervosa.

O que se entende por cura holística?

É um tipo de cura cujo princípio central é a idéia de que existe uma relação entre a mente e o corpo. Se você precisa ser curado, é provável que apresente um desequilíbrio nessa relação. O tratamento holístico considera a pessoa como um todo — mente e corpo. Visto que a medicina alopática trata do corpo, a meditação é o único caminho para se chegar à cura por meio do direcionamento da mente.

Como é a meditação de cura?

A meditação não se concentra apenas num aspecto do nosso ser, mas torna você consciente dos seus pensamentos, sentimentos e sensações físicas, bem como do relacionamento entre eles. Esse é um dos principais fatores da cura holística — tornar-se consciente de si mesmo como uma pessoa inteira e descobrir que você precisa manter mente, corpo e espírito numa relação de apoio mútuo. No contexto da meditação, falo sobre isso em termos de relacionamento entre o eu consciente e o inconsciente. A meditação não só pode ajudá-lo a descobrir o que você precisa curar, mas é uma forma de estimular o processo de cura, principalmente por meio do relaxamento e do alívio das tensões; num nível mais profundo, ela atua fazendo uso das propriedades das cores, dos cristais, dos símbolos de cura e do pensamento positivo.

O que é um relacionamento interior?

É o relacionamento entre o eu consciente, ou ego, e o inconsciente.

O que significa polaridade?

Significa opostos que, juntos, formam um todo. Por exemplo, dia e noite é uma polaridade. No contexto da experiência de meditação, as pola-

O símbolo chinês yin/yang descreve
a polaridade e a relação entre opostos.

ridades mais significativas são mente e corpo, mundos de experiência interior e exterior, e os eus inconsciente e consciente. As polaridades geralmente são caracterizadas como "masculinas" (expansivo, extrovertido, ativo, criativo) ou "femininas" (receptivo, introvertido, passivo, protetor). O símbolo chinês yin/yang é uma imagem precisa de polaridade.

O que são as meditações com cristais?

Diz-se que cada cristal apresenta determinadas propriedades de cura. Em vez de usar um cristal de verdade, é possível visualizar um cristal em particular e trabalhar com sua energia especial. Assim como as meditações com cores, você escolhe um determinado cristal com o qual trabalhar (dependendo de suas propriedades terapêuticas), e então medita sobre a imagem desse cristal, sentindo o campo de energia que ele emite e o seu efeito sobre você. As correspondências (ver página 194) servem para revelar qual o cristal mais indicado e os efeitos que ele produz.

O que é sincronismo, em oposição à sincronicidade?

Sincrônico significa que ocorre ao mesmo tempo. Sincronicidade é uma expressão junguiana que significa um tipo especial de coincidência, muito significativa para a pessoa que a tem. A sincronicidade parece ocorrer freqüentemente na meditação. Durante essa prática, os eventos conspiram para se ligar à experiência interior, especialmente aos símbolos que emergem durante a visualização. Quando a sincronicidade acontece, os eventos podem ocorrer simultaneamente, mas essa não é uma condição necessária. O importante é que coincidências aparentemente simples de repente ficam cheias de significado e de propósito. Quanto mais você aprofunda a sua experiência de meditação mais você perceberá a sincronicidade, até que quase nada parecerá por acaso, e todos os eventos da vida passarão a ficar cheios de significados para você. Por exemplo, um dia, enquanto medita, você percebe que está precisando do apoio de outra pessoa. No dia seguinte, um amigo lhe telefona inesperadamente e sugere que vocês dois formem um grupo de meditação. Isso é sincronicidade.

O que é jornada interior?

Quando você, na meditação, usa a técnica da visualização, forma-se a princípio uma certa imagem ou cena. Então, se deixar que o inconsciente assuma o controle, essa imagem irá mudar, se desenvolver e ficar mais detalhada. Isso é o que se entende por uma jornada interior. Pode tratar-se de fato de uma jornada — galgar uma montanha, atravessar uma floresta, seguir o curso de um rio — e à medida que viaja, você se depara com experiências diferentes. Depois de ter terminado a meditação, você pode voltar a ela, numa próxima ocasião, e continuar a jornada até o seu término. Em vez de simplesmente observar a jornada se desenrolar na sua imaginação, você a considera como se você realmente estivesse ali, sentindo o chão sob os pés, capaz de tocar e sentir o ambiente em que está. Como o inconsciente tem a chance de expressar e criar as condições internas que você entrevê, usa-se a expressão "visualização interativa" para descrever esse efeito. Trata-se de uma interação entre você e as imagens, pensamentos, sentimentos e sensações criadas pelo inconsciente por meio da sua imaginação.

O que é **biofeedback***?*

É possível detectar e medir a freqüência das ondas eletromagnéticas emitidas pelo cérebro. A freqüência dessas ondas caracteriza o tipo de atividade que o cérebro está executando. As freqüências de emissão têm sido classificadas em ondas beta (13–30 Hz), ondas alfa (8–12 Hz), ondas teta (4–7 Hz) e ondas delta (½ – 4 Hz). As ondas beta estão associadas com a atividade normal, com a execução de tarefas físicas e mentais. As ondas alfa estão associadas com estados de relaxamento profundo. As ondas teta estão associadas com fantasia, meditação, sonhos e com os estados por que passamos ao entrar ou sair do sono. As mais baixas, as ondas delta, estão associadas com o sono sem sonhos.

Agora, respondendo à pergunta, *biofeedback* é o processo de monitoramento dessas emissões de onda com a finalidade de ajustar nosso estado mental para que possamos passar por uma determinada experiência. Por exemplo, sabemos que o relaxamento profundo é associado às ondas alfa; portanto, se, enquanto tenta relaxar, você consegue produzir os ritmos alfa, saberá que está agindo certo e que pode tornar o relaxamento ainda mais profundo. Dessa maneira, o *biofeedback* pode ser um meio de nos ensinar a relaxar e a meditar, pois nos dá uma medida palpável do nosso desempenho. Se tiver oportunidade, tente fazer experiências com o *biofeedback*, pois os resultados são interessantes e de grande proveito.

Qual é a importância da alquimia na meditação?

Normalmente, acredita-se que as tradições ligadas à prática da meditação se encontrem no Oriente ou nas tradições místicas das grandes religiões ocidentais. Contudo, há uma tradição que é bem menos conhecida. Séculos atrás, a alquimia era a busca da substância que daria origem ao ouro. Mas muitos alquimistas viam essa busca não em termos materiais, mas como uma questão espiritual: o que buscavam era a transformação e a iluminação. Em lugar de conduzir experimentos químicos, eles próprios eram o experimento. Esses homens sábios davam grande valor à meditação como parte do processo de autodescoberta e de transformação alquímica. Hoje, no mundo moderno, nós conhecemos alguma coisa sobre o significado psicológico dos símbolos que eles usaram para descrever suas experiências. A meditação nos propicia as mesmas experiências, que incluem certos estágios que equivalem aos estágios do processo alquímico. Apresento aqui este assunto porque assim você pode pesquisá-lo depois, se quiser. A alquimia é a fonte de muitas revelações, não apenas sobre as experiências resultantes da meditação, mas sobre os estágios psicológicos de crescimento pelos quais passamos na vida.

Existe um aspecto místico ou religioso na meditação?

A tradição de meditar existe em todas as principais religiões do mundo. Se quiser, você pode estudar uma dessas tradições místicas, já que irá aprender bastante com isso. Mas é um erro acreditar que a meditação *tem* de ser mística de alguma forma — a meditação é uma experiência natural, e não sobrenatural.

O que é uma experiência de pico?

O psicólogo Abraham Maslow usou a expressão "experiência de pico" para descrever momentos de intenso deleite transcendental. Ele sugeriu que a experiência de pico é considerada anormal, ou pelo menos incomum, ocorrendo somente com algumas pessoas. Entretanto, ele também argumentou que isso não deve ser incomum, e que deveria estar ao alcance de qualquer pessoa. As experiências de pico podem ser induzidas por meio da meditação e, embora certamente não seja possível fazê-la jorrar ou contê-la como a água de uma torneira, a meditação proporciona lampejos intuitivos, inspiração, propósito e bem-estar, todos eles associados com a experiência de pico.

11

Programa completo de meditação

Ao longo deste livro, apresentei de maneira progressiva uma ampla variedade de meditações para que você pudesse praticá-las do modo que quisesse. Para ajudá-lo nisso, incluí neste capítulo um sumário completo que você poderá usar como base do seu programa de meditação, seja diariamente, semanalmente ou seguindo outro critério.

O ambiente completo para a meditação

Antes do resumo, no entanto, quero descrever um "ambiente completo para a meditação" — a sala em que você medita, a mobília, o uso das cores, da música e dos sons naturais, tudo planejado para criar uma atmosfera que intensificará sua experiência de meditação. Por certo não há uma real necessidade de criar todo esse ambiente, porém a idéia poderá lhe parecer interessante e você poderá aceitar algumas das sugestões e adaptá-las ao seu programa.

A mobília

Se o ambiente for apenas para o seu uso, escolha alguns itens que têm significado especial para você e com os quais você se sente bem. Almofadas, flores, um ou dois cristais e alguns quadros apropriados podem ser dispostos para criar uma atmosfera favorável à meditação. Tenha um ponto central na sala, assim como o altar representa um ponto central numa igreja. Pode ser uma pequena mesa sobre a qual você coloca um cristal, uma vela ou um incenso. Dê preferência a móveis simples e escolha cuidadosamente cada objeto que você incluir nessa sala.

Se você dirige um grupo de meditação (ver página 201), algumas pessoas vão querer sentar-se no chão, talvez numa almofada, enquanto outras podem querer sentar-se em cadeiras, portanto, escolha algumas que sejam confortáveis e faça seus companheiros de meditação sentar-se com as costas retas e apoiadas. Evite cadeiras que rangem ao menor movimento.

No Capítulo 5, descrevi um método para purificar a atmosfera de uma sala e sugeri que você usasse objetos que representassem os quatro elementos; sal ou uma planta para representar a Terra, uma vela para representar o Fogo, incenso para representar o Ar e um pequeno recipiente com água para representar a Água. Esses itens podem ser incluídos na sua sala de meditação de maneira que você possa usá-los na preparação e limpeza do local. Como expliquei no Capítulo 5, convém ter a mão uma campainha ou um sino.

Luzes e cores

Não acenda luzes muito fortes na sala de meditação. O ideal seria ter um dispositivo tipo *redutor* para poder controlar o nível de luminosidade e também a cor. Isso pode ser conseguido com a ajuda de uma lâmpada especial com bulbos de diferentes cores, que podem ser graduados independentemente para que você possa criar diferentes efeitos misturando as cores. Se esse tipo de lâmpada não estiver disponível, simplesmente use em sua sala bulbos de luz colorida e abajures. Veja nos Capítulos 3 e 4 informações sobre os diversos efeitos das cores. Disponha as luzes de modo a poder controlá-las facilmente.

Você também deve se assegurar de que as cores da sua sala criem uma atmosfera favorável à meditação. Evite cores fortes. Uma cor leve, neutra, é geralmente mais indicada, deixando qualquer efeito de luz por conta da iluminação.

Se estiver meditando sozinho, você pode usar suas cores preferidas, mas se estiver orientando um grupo, leve em conta que as outras pessoas podem ter gostos diferentes. Essa é uma outra razão para usar um cenário básico que seja claro, mas neutro. Você deve procurar criar uma atmosfera propícia, mas de uma maneira que não incomode as outras pessoas.

Música

Considere a possibilidade de ter um sistema de som no ambiente. Há no mercado uma grande quantidade de fitas e CDs excelentes para relaxamento, que podem ser usados antes da meditação para criar um ambiente descontraído, ou até mesmo durante a meditação, se for apropriado. A música mais indicada é a de fácil audição, a ponto de você não ter que ouvi-la se não quiser — do tipo que simplesmente "desaparece ao fundo". A escolha das músicas é uma questão puramente pessoal — você saberá do que gosta e o que surte o efeito desejado nas outras pessoas do seu grupo. Escolha músicas que tenham sons da natureza, do mar, de um riacho, cantos de pássaros, barulho de chuva e assim por diante, ou mesmo uma fita ou CD que não tenha música, mas apenas sons naturais. O som de ondas quebrando-se na praia, por exemplo, pode ser extremamente evocativo e calmante. Procure descobrir que tipo de música ou de sons naturais o ajudam a relaxar.

Como música de relaxamento, eu às vezes gosto de tocar peças de Mozart ou de Haydn. Essas músicas são um excelente foco de meditação, além de serem capazes de criar uma atmosfera de relaxamento.

Como conduzir um grupo de meditação

Eis algumas sugestões. Determine um horário regular para as suas meditações e, então, convide amigos e parentes para meditar com você. Se quiser, pode organizar uma sessão aberta, à qual todos têm livre acesso. Aos poucos se formará um grupo de pessoas assíduas, às quais se juntam, de vez em quando, outras que só aparecem quando têm vontade. Antes de iniciar uma sessão aberta, eu planejo cuidadosamente o que vamos fazer e baseio o programa num tema. Esse tema pode estar relacionado com a época do ano (ver Capítulo 5) ou com algo que seja apropriado para um determinado grupo. Procure intercalar períodos de silêncio com uma meditação orientada e uma ou duas leituras de um livro, de um poema, de um texto inspirador, de uma oração de algum tipo. Eis um programa desse tipo, que uso nos meus grupos de meditação:

GRUPO DE MEDITAÇÃO DO PEREGRINO

PROGRAMA DO ENCONTRO

Terça-feira, 31 de maio, das 18 às 19 horas

1. ABERTURA

"Quietude, Calma, Paz e Tranqüilidade"

2. REFLEXÃO SILENCIOSA

3. LEITURA

Texto extraído do livro *Sacred Sleep*, de Scott Cunningham

4. MEDITAÇÃO ORIENTADA

Hora de Sonhar

5. REFLEXÃO SILENCIOSA

6. ENCERRAMENTO

"Aos Quatro Elementos"

Próximo encontro: terça-feira, 14 de junho

Eu sempre uso o mesmo tipo de meditações breves no início e no fim de cada sessão. A meditação aberta, "Quietude, Calma, Paz e Tranqüilidade" é lida e conduzida da seguinte maneira:

Coloque a palavra "Quietude" na sua mente. Sinta o espírito da Quietude, dentro e fora de você. Deixe que a palavra "Quietude" vá desaparecendo da sua mente para que só o seu espírito permaneça.

Sinta a quietude por trás de qualquer ruído que você possa ouvir, por trás de cada movimento de respiração que você faz. Aos poucos, torne-se uma coisa só com o espírito da Quietude.

Torne a meditação ainda mais profunda. Coloque a palavra "Calma" na sua mente. Sinta a Calma, dentro e fora de você . Aos poucos, liberte a palavra, para que só o espírito de Calma permaneça, a calma que está por trás de cada pensamento e de cada respiração.

Vá mais fundo na meditação. Coloque a palavra "Paz" na sua mente. Medite sobre a Paz. Deixe que ela toque o seu coração, a sua mente e a sua respiração. A Paz inunda o seu corpo, por dentro e por fora. Esqueça a palavra "Paz" de modo que somente o espírito da Paz permaneça.

Fique tranqüilo.

Essa breve meditação, inspiradora, pode ser encontrada no livro *Meditation, A Treasury of Technique*, de Pam e Gordon Smith (ver *Leituras Recomendadas*). A meditação de encerramento, "Aos Quatro Elementos", que é atribuída a Diane Mariechild, também é lida para o grupo e segue-se assim:

> Criação do Fogo, deixe que eu me una a você para que eu possa ter paixão e poder.
>
> Criação da Água, deixe que eu me una a você para que eu possa ter um movimento fluido.
>
> Criação do Ar, deixe que eu me una a você para que eu possa ter sabedoria e intuição.
>
> Criação da Terra, deixe que eu me una a você para que eu possa ter estabilidade e firmeza.

O tema para esse encontro especial foram os sonhos. Na meditação orientada, que eu sempre começo com uma seqüência de relaxamento, convidei os elementos do grupo para que se imaginassem num templo. Eles deveriam então imaginar-se andando numa parte especial do templo, reservada para a "incubação de sonhos" — um lugar aonde ir e pedir para ter um sonho especial. Eu pedi que imaginassem que, depois de entrar nesse espaço, sentissem sono e tivessem um sonho significativo, talvez um sonho de cura ou um sonho que trouxesse a solução para um problema em especial. Depois disso, o grupo passou um tempo em silêncio para contemplar a experiência do templo e do sonho, e meditar sobre sua importância.

Depois dos seus encontros, reserve um tempo para que o grupo converse sobre a experiência, e também para que as pessoas possam "bater papo" e se conhecer melhor. Quando organizo um grupo de meditação na época de uma data festiva, procuro torná-lo numa reunião social, oferecendo depois um lanche.

Finalmente, não pense que você tem de ser um praticante de meditação experiente ou qualificado para conduzir um grupo. Tudo o que você precisa é querer fazer isso, além de uma pequena ajuda de bom senso. Um grupo necessita de alguém que o oriente e decida sobre o programa, sobre os detalhes práticos e sobre tudo o mais. À medida que for ganhando confiança, não há razão, com base no que aprendeu neste livro, para que você não deva seguir em frente e organizar o seu próprio grupo. Você gostará muito de fazer isso; encontrará pessoas muito interessantes e certamente receberá apoio e incentivo, o que fará com que a sua experiência de meditação valha muito mais a pena.

Sumário do programa de meditação

Procure descobrir quais meditações são mais adequadas para você. Também procure ser seletivo, escolhendo aquelas que se adaptam à sua situação. Você pode, por exemplo, estar interessado somente em relaxamento e alívio de tensões, em vez de entrar profundamente na visualização e nas meditações de jornada interior. Nesse caso, as seqüências de relaxamento, as citações do Capítulo 8 e as meditações do Capítulo 9 seriam as mais apropriadas. Se estiver interessado em cura, dê ênfase às meditações com cores e de cura dos Capítulos 3 e 4.

Embora eu tenha elaborado um roteiro com que você pode seguir do início ao fim, não tenha receio de combinar as meditações da forma que achar melhor.

Técnica básica de relaxamento (página 10).

Observe a si mesmo: uma técnica de relaxamento que consiste em observar seus pensamentos, sentimentos e sensações (página 13).

Contagem da respiração: use a respiração para relaxar e para torná-lo consciente dos processos internos, inconscientes (ver página 14).

A Postura Perfeita: seqüência para adotar uma postura mais adequada (página 15).

O Espaço Interior de Trabalho: crie um espaço interior no qual possa praticar outras meditações (página 18).

Programa de Relaxamento Autógeno: seqüência completa de relaxamento (página 19).

Crie um Espaço Interior: a primeira seqüência completa de meditação/relaxamento (página 28).

Entre na Floresta: seqüência de visualização (página 30).

Pensamento Positivo: técnica para atingir suas metas com o uso de um mantra (página 43).

Capte o Momento: técnica para iniciar a experiência da meditação (página 44).

O Jardim Interior: crie uma paisagem interior aonde poderá ir durante as meditações (página 45).

A Jornada na Montanha: meditação para rever toda a sua vida (página 48).

O Sábio: meditação para entrar em contato com a sua intuição e com a sua sabedoria interior (página 51).

O Templo Interior: meditação que estabelece uma relação entre o seu passado, presente e futuro (página 57).

Meditações com cores e com os chakras:

Vermelho e o centro da base (página 64).
Laranja e o centro do sacro (página 66).
Amarelo e o centro do plexo solar (página 67).
Verde e o centro do coração (página 70).
Azul e o centro da garganta (página 72).
Índigo e o centro frontal (página 74).
Violeta e o centro da coroa (página 76).

Gire a Roda: meditação para ativar a consciência de um chakra em particular (página 77).

Estratégias de meditação:
Para aumentar a autoconfiança (página 83).
Para parar de fumar (página 84).
Para atingir seu peso ideal (página 84).
Para passar nos exames (página 85).
Para melhorar seus relacionamentos (página 87).
Para melhorar sua situação financeira (página 87).
Para progredir na carreira (página 88).
Para aprimorar seu desempenho (página 89).

A Cura com o Cristal: meditação de autocura (página 90).

A Cura com Cores e Cristais: suas propriedades e efeitos na meditação (páginas 93-99).

Meditação do Sol e da totalidade (página 147).

Citações para Meditação (página 150).

Meditações para o seu Dia-a-dia: como lidar com experiências negativas e promover experiências positivas (página 160).

Foi um prazer imenso escrever este livro e compartilhar com você minha experiência e minhas idéias. Espero que a sua experiência com a meditação se enriqueça e venha a florescer, proporcionando-lhe tanto prazer pela vida quanto proporcionou a mim. Sejam felizes!

Leituras recomendadas

Anderton, Bill, *Life Cycles*, Foulsham, 1990.

Baring, Anne e Cashford, Jules, *The Myth of the Goddess*, Arkana, 1993.

Bloom, William, *Meditation in a Changing World,* Gothic Image, 1987.

Bloom, William, *Sacred Times*, Findhorn, 1990.

Cade, Maxwell C. e Coxhead, Nona, *The Awakened Mind*, Element, 1979.

Crompton, Paul, *The Art of Tai Chi*, Element, 1993.

Cunningham, Scott, *Sacred Sleep — Dreams and the Divine*, Crossing Press, 1992.

Fontana, David, *The Meditator's Handbook,* Element, 1992.

Fontana, David, *The Elements of Meditation*, Element, 1991.

Gawain, Shakti, *Creative Visualization*, Eden Grove, 1978. [*Visualização Criativa*, publicado pela Editora Pensamento, São Paulo, 1990.].

Harding, D.E., *On Having No Head*, Arkana, 1986.

Harp, David, *The Three-Minute Meditator*, Piatkus, 1993.

Harrison, Eric, *Teach Yourself to Meditate*, Piatkus, 1994.

Hay, Louise L., *You Can Heal Your Life*, Eden Grove, 1984.

Hayward, Susan, *A Guide for the Advanced Soul*, Ashgrove, 1984.

Herrigel, Eugen, *The Method of Zen*, Arkana, 1988.

Hewitt, James, *The Complete Relaxation Book*, Rider, 1982.

Holbeche, Soozi, *The Power of Gems and Crystals*, Piatkus, 1989. [*O Poder das Pedras Preciosas e dos Cristais*, publicado pela Editora Cultrix, São Paulo, 1994.]

Hollis, James, *The Middle Passage*, Inner City Books, 1993.

Humphrey, Naomi, *Meditation, the Inner Way*, Aquarian, 1987.

Humphreys, Christmas, *Concentration and Meditation*, Element, 1992.

Jessel, Charles, *An Anthology of Inner Silence*, Pilgrim, 1990.

Levine, Stephen, *Guided Meditations, Explorations and Healings*, Gateway, 1992.

Liu, Da, *T'Ai Chi Ch'Uan and Meditation*, Arkana, 1986. [*T'ai Chi Ch'uan e Meditação*, publicado pela Editora Pensamento, São Paulo, 1989.]

Macbeth, Jessica, *Moon over Water*, Gateway, 1990.

Macbeth, Jessica, *Sun over Mountain*, Gateway, 1991.

Markham, Ursula, *Managing Stress*, Element, 1989.

Ozaniec, Naomi, *Element of the Chakras*, Element, 1992. [*O Livro Básico dos Chakras*, publicado pela Editora Pensamento, São Paulo, 1994.]
Paladin, Lynda S., *Ceremonies for Change*, Stillpoint, 1991. [*Cerimônias de Transformação*, publicado pela Editora Pensamento, São Paulo, 1993.]
Peiffer, Vera, *Positive Thinking*, Element, 1989.
Schulman, Neville, *Zen and the Art of Climbing Mountains*, Element, 1992.
Sky, Michael, *Breathing*, Bear, 1990.
Smith, Pam e Gordon, *Meditation, a Treasury of Technique,* Daniel, 1989.
Tzu, Lao, *Tao Te Ching* (Richard Wilhelm edition), Arkana, 1985. [*Tao-Te King*, publicado pela Editora Pensamento, São Paulo, 1987.]
Wilde, Stuart, *Affirmations*, White Dove, 1987.
Wills, Pauline, *Colour Therapy*, Element, 1993.

Se quiser informações a respeito de grupos de trabalho e seminários organizados por Bill Anderton, ou gostaria que ele viesse fazer uma palestra na sua cidade, por favor escreva para Pilgrims, 1A College Court, Gloucester, GL1 2NJ, incluindo um envelope selado. Informações sobre *Crystal Clear*, fita de meditação de Bill Anderton, também podem ser obtidas nesse endereço.

O LIVRO BÁSICO DOS CHAKRAS

Naomi Ozaniec

O que são os chakras? Onde estão localizados? Como o conhecimento deles pode nos ajudar? De que modo podemos trabalhar com a sua energia? Representam eles um caminho para a iluminação?

Estas e muitas outras perguntas são respondidas neste livro. Ele foi escrito para introduzir o leitor numa vasta área do conhecimento. *O Livro Básico dos Chakras* apresenta as diretrizes teóricas e práticas para o trabalho com esses centros de energia.

Escrito de maneira clara e didática, este livro é um precioso guia para quem quer se aprofundar seriamente no estudo dos diferentes chakras, contendo sugestões suficientes para o leitor delinear um programa de trabalho para cada um deles. O leitor poderá ainda combiná-lo com as afirmações, os remédios florais do dr. Bach, uma música adequada e os exercícios preliminares propostos pela autora. *O Livro Básico dos Chakras* irá levá-lo definitivamente a compreender e a sentir como os chakras são parte fundamental da sua saúde e da sua vida.

EDITORA PENSAMENTO

CERIMÔNIAS DE TRANSFORMAÇÃO

Rituais que você mesmo pode criar para celebrar e transformar a sua vida

Lynda S. Paladin

ROBERT E. RIPPLE

Este livro responde a um anseio contemporâneo. Ele reacende e revitaliza uma das mais naturais e necessárias atividades humanas: a participação ativa, por intermédio de cerimônias e de rituais, no processo de criação e manifestação. Ele trata do ritual dinâmico e inovador — da celebração criativa de mitos.

Neste livro inovador, Lynda Paladin oferece-nos uma visão geral de símbolos e enredos, visando à expressão e ao reconhecimento de nossas aspirações e nossos louvores. Ele nos orienta quanto ao preparo e ao desempenho de nossas próprias histórias individuais e coletivas, pois um dos maiores desafios com que nos defrontamos, seja do ponto de vista cultural, seja individual, é a necessidade de criar cerimônias significativas em nossa vida social e pessoal. Nossa mente precisa religar-se com o nosso espírito.

Cerimônias de Transformação nos dá uma estimulante síntese da sabedoria antiga, de tradições temperadas pelo tempo, elementos contemporâneos e liberdade criativa para criar os nossos próprios rituais e cerimônias de passagem.

Enfim, um livro moderno e indispensável para quem quer compreender o valor sagrado dos rituais e dos símbolos na transformação da consciência.

EDITORA PENSAMENTO

TAO-TE KING

LAO-TZU

O *Tao-Te King,* obra de Lao-Tzu, a mais alta expressão do pensamento chinês, constitui por si só um completo sistema filosófico, dotado de uma Metafísica, que entrevê e descreve no Tao a causa primeira, o bem supremo do Universo; de uma Moral, que indica ao homem o caminho para alcançar o seu próprio fim; e de uma Política, que mostra aos governantes a estrada que estes devem percorrer para o progresso e o bem-estar do povo.

Nenhuma outra obra da literatura chinesa atraiu tanta atenção quanto esta. Com exceção da Bíblia, é o livro mais traduzido de quantos já foram escritos. Sobre ele foram publicados mais comentários do que sobre qualquer outro clássico da literatura chinesa.

A presente tradução baseia-se na versão alemã de Richard Wilhelm, célebre pela excelente tradução que fez do *I Ching, o livro das mutações,* já publicado por esta Editora. Sua introdução, comentário e notas aos ensinamentos de Lao-Tzu mostram o que o *Tao-Te King* significa para a cultura chinesa e o que pode significar para o leitor moderno.

EDITORA PENSAMENTO

VISUALIZAÇÃO CRIATIVA

SHAKTI GAWAIN

Best-Seller internacional, com mais de meio milhão de exemplares vendidos, *Visualização Criativa* contém meditações, exercícios e técnicas que podem passar a fazer parte da sua rotina diária, para aumentar seu domínio pessoal sobre a vida.

Este livro ensina a usar sua imaginação criativa natural de uma maneira cada vez mais consciente, como uma técnica capaz de criar aquilo que cada um deseja: amor, realização pessoal, alegria, relacionamentos gratificantes, trabalho compensador, expressão própria, saúde, vitalidade, beleza, prosperidade, harmonia, paz interior. . .

O método aqui apresentado por Shakti Gawain tem sido usado com sucesso nas áreas da saúde, da educação, dos negócios, bem como no atletismo e nas artes criativas.

Mágico, no sentido mais elevado e mais realista do termo, o método aqui apresentado pela autora envolve a compreensão dos princípios naturais que governam as forças do Universo e ensina como utilizá-los para mudar radical e positivamente o seu modo de viver.

EDITORA PENSAMENTO

O PODER DAS PEDRAS PRECIOSAS E DOS CRISTAIS
Como Eles Podem Transformar a Sua Vida

Soozi Holbeche

Neste curioso livro, Soozi Holbeche, autora de *Como os Sonhos Podem nos Ajudar*, revela os fascinantes segredos e mistérios associados às pedras preciosas e aos cristais e explica como eles podem ser usados para enriquecer a nossa vida.

O tema geral é desenvolvido obedecendo às seguintes palavras de ordem dadas pela autora com vistas a alcançar esse enriquecimento:

. Descubra os poderes especiais dos cristais e das pedras preciosas.
. Saiba por que certas pedras são usadas para "dar sorte".
. Aprenda a escolher a pedra mais adequada a você.
. Experimente as propriedades rejuvenescedoras da energia dos cristais.
. Aprenda a usar os cristais para alcançar a cura.

A lenda diz que Hércules deixou cair o cristal da verdade sobre o Monte Olimpo, onde o cristal se fragmentou num milhão de pedaços iridescentes. Hoje, sempre que manuseamos os cristais, estamos recuperando fragmentos cintilantes dessa mesma verdade eterna.

EDITORA CULTRIX

T'AI CHI CH'UAN E MEDITAÇÃO

Da Liu

Fotografia de Reggie Jackson

O T'ai Chi Ch'uan foi conhecido, a princípio, apenas como uma das artes marciais. Contudo, posteriormente, ele se propagou como uma disciplina complementar da meditação, a fim de que se pudesse atingir ao mesmo tempo uma condição física saudável e a mais perfeita harmonia com a natureza.

Para o leitor não iniciado no assunto, este livro é uma ótima introdução tanto à prática do T'ai Chi Ch'uan como da meditação, pois não supõe nem exige conhecimento anterior. Da Liu nos fornece uma descrição clara dos métodos de meditação e dos exercícios, bem como uma explanação completa acerca das teorias que servem de base a essa arte, facilitando ao leitor o aprendizado e a assimilação das práticas e técnicas aqui descritas.

Passo a passo, o autor ensina como dar início à meditação, alerta quanto à postura correta do corpo ao meditar, ensina como conseguir a concentração e como fazer uso da meditação na vida diária. Junto com os movimentos básicos do T'ai Chi Ch'uan, Da Liu mostra como combinar gestos e meditação, capacitando o leitor a conseguir o equilíbrio entre os aspectos físicos e espirituais da sua personalidade.

O autor, presidente da T'ai Chi Ch'uan Society de Nova York, vem praticando e ensinando sua arte há quase cinqüenta anos.

EDITORA PENSAMENTO

Outras obras de interesse:

11:11 - CARTAS DE SINTONIZAÇÃO INTERIOR
Żera Starchild of An

CARTAS SOBRE MEDITAÇÃO OCULTISTA
Alice A. Bailey

COMO MEDITAR - Um Guia Prático
Kathleen McDonald

CONCENTRAÇÃO
Mouni Sadhu

MEDITAÇÃO - Princípios Gerais para sua Prática
Mouni Sadhu

CONCENTRAÇÃO E MEDITAÇÃO
Swami Sivananda

O ESSENCIAL SOBRE MEDITAÇÃO
John Novak

MEDITAÇÃO - Caminho da Auto-Realização
H. Saraydarian

MEDITAÇÃO: Uma Maneira de Viver
Vimala Thakar

MEDITAÇÃO E VISÃO INTERIOR - Aprendendo a ser livre
Joseph Goldstein

MEDITAÇÃO NA AÇÃO
Chögyam Trungpa

MEDITAÇÕES
Shakti Gawain

MEDITAÇÕES PARA AS PASSAGENS E CELEBRAÇÕES DA VIDA
Noela N. Evans

MEDITANDO COM OS ANJOS
Texto: *Sônia Café*
Ilustrações: *Neide Innecco*

RETORNANDO AO SILÊNCIO
Dainin Katagiri

O SORRISO INTERIOR - Exercícios Práticos para o seu Relaxamento e Bem-estar
Heidy Lambelet

Peça catálogo gratuito à
EDITORA PENSAMENTO
Rua Dr. Mário Vicente, 374 - Fone: 272-1399
04270-000 - São Paulo, SP